英語語彙指導の実践アイディア集

活動例からテスト作成まで

CD-ROM付

相澤一美・望月正道 ──［編著］
Aizawa Kazumi　Mochizuki Masamichi

大修館書店

はしがき

　新学習指導要領が平成21年3月に公示され，小学校と中学校ではそれぞれ平成23年度と24年度からの全面実施を控え，平成21年度から移行期間に突入しました。高等学校では，平成25年度から学年進行で実施されることになっています。

　今回の改訂では，小学校に外国語活動を導入すること，中学校で語彙数が増加（900語から1200語へ）すること，高等学校では語彙数が増加（1300語から1800語へ）することと，授業は英語で行うことを基本とすることという大きな変革がなされることになりました。以前の改訂では，毎回のように学習内容や語彙数が削減されてきましたが，初めて増加に転じました。しかも，語彙数の増加が中学校も高校も30％以上になります。今まで以上に，たくさんの語彙を教えて，授業を充実することが望まれます。

　教科書中心の英語の授業で，これだけの語彙数の増加に対応した指導を可能とするにはどうしたらよいのでしょうか。綿密な年間授業計画が立案されていても，語彙指導だけに割ける時間には限りがあります。一定の時間の中で，できるだけ語彙を効率的に導入して授業を展開し，さらには定着させるためには，指導に工夫が必要になります。

　本書は，国内外の優れた研究成果を参考にしながら，日々の英語の授業実践で役立つ語彙指導の実践例をまとめました。例えば，海外の優れた研究成果を教育現場に応用するにはどのようにしたらよいか，また日本の教育現場だからこそ活かせる実践例はないか，などの疑問に答えるために，執筆者全員で半年以上にわたって検討してきました。

　本書の中心となるのは語彙指導実践のためのアイディア集で，それらを補完するためのすぐに使える語彙指導ワークシートや語彙サイズテストを付属 CD-ROM に収録しました。

　第Ⅰ章では，今回の学習指導要領の改訂に伴う変更点について，語彙指導の観点から概観します。続いて，語彙を学習することがどういうことなのかについて，簡単に先行研究を元に説明しています。第Ⅱ・Ⅲ章

の語彙指導の実践例についても，それぞれ紹介しています。

　第Ⅱ章は，本書の中核をなす部分ですが，導入，定着，発展，予習・復習のための計24の実践例を紹介しています。実践例に関連したワークシートも CD-ROM に収録していますので，ご活用ください。

　第Ⅲ章は，自律した語彙学習を行うための7つの実践例を紹介しました。特に，辞書使用や多読の活動は，語彙学習を進めていく上で重要ですから，是非とも参考にしてください。

　第Ⅳ章は，語彙の評価の概観と，7つの実践例を紹介しました。1時間の授業単位での評価から，より長いスパンでのテスト，さらにはスキル別の復習テスト，習熟度の評価が続きます。習熟度の評価では，語彙サイズテストをいくつか紹介しました。特に望月テストについては筆記版・パソコン版を CD-ROM に収録しました。

　小学校から大学までの日々の授業実践に，本書が少しでも役立つことを編著者一同願ってやみません。

　最後になりましたが，本書の企画立案から最後の校正まで，大修館書店の小林奈苗さんにはたいへんお世話になりました。一度挫折しかけていましたが，最後まで適切な助言と励ましを頂きました。厚く御礼申し上げます。

　　　　　　　　　　　　　　　　　　　　　2010年6月　編著者一同

目次

はしがき　iii

第Ⅰ章　高まる語彙指導の重要性 …………………………………… 3

1．新学習指導要領での語彙の量的増加　5
2．単語を学習すること　8
3．語彙指導の実践例　12

第Ⅱ章　語彙指導の実践例 …………………………………………… 17

1．導入のための実践例　19
　［実践例1］フォニックスの導入（文字の規則的な発音の指導）　19
　［実践例2］フォニックスの応用（綴りと発音が不規則な単語の指導）
　　　　　　　　　　　　　　　　　　　　　　　　　　　　　　26
　［実践例3］カタカナ語を活かした発音指導　30
　［実践例4］オーラル・イントロダクションでの単語の導入　34
　［実践例5］訳で導入して，オーラル・イントロダクションで定着　41
　［実践例6］リーディング教材における語注の活用　46
　［実践例7］抽象語の導入　52

2．定着のための実践例　56
　［実践例8］5分でできる教師主導の復習活動　56
　［実践例9］5分でできるペアワークによる復習活動　62
　［実践例10］ビンゴ形式による語彙の復習　68
　［実践例11］単語カードを利用した復習　74
　［実践例12］英英辞典を利用した語義の定着　80
　［実践例13］ワードサーチを使った語形と定義の定着　84
　［実践例14］教科書課末の発音練習問題の活用　88
　［実践例15］接尾辞（-er）を使った単語の定着　92
　［実践例16］接辞を中心とした復習　96

3．発展のための実践例　100
　［実践例17］動詞・形容詞の活用（既習事項の整理）　100
　［実践例18］接辞の整理　104
　［実践例19］多義語の整理　108
　［実践例20］同義語・反意語を使った単語間のネットワーク構築　112
　［実践例21］コロケーションを使った単語間のネットワーク構築　118

4．予習・復習の指導例　122
　［実践例22］予習プリントに使える課題（予習ポイントの明示）　122
　［実践例23］復習プリントに使える課題（復習ポイントの明示）　126
　［実践例24］単語ノートの作成と活用（単語の文脈学習）　133

第Ⅲ章　自律した語彙学習のために　139

1．辞書指導　141
　［実践例25］辞書指導：導入編　141
　［実践例26］辞書指導：電子辞書の基本操作　147
　［実践例27］辞書指導：応用編　153
　［実践例28］英英辞典を利用した語彙力の増強　160
　［実践例29］単語集の利用法　164

2．文脈を利用した指導　171
　［実践例30］文脈からの意味の推測　171
　［実践例31］多読授業での語彙定着の工夫　180

第Ⅳ章　語彙指導の評価　189

［概観］語彙の評価　191
1．授業での評価
　［実践例32］前時の復習単語テスト　195
　［実践例33］1課ごとの復習テスト　202
　［実践例34］1課ごとのリーディング型テスト　208
　［実践例35］1課ごとのライティング型テスト　214

2．習熟度の評価（一般的な語彙能力の評価）　218
　　［実践例36］筆記版語彙サイズテスト　218
　　［実践例37］パソコン版語彙サイズテスト　222
　　［実践例38］語彙サイズの自己テスト　228

［付録］ ……………………………………………………………… 233

1．語彙指導を深く知る8つの Tips ………………………………… 234
　　Tip 1　フォニックスを語彙指導に活かす　234
　　Tip 2　発音記号は指導すべきか？　236
　　Tip 3　学習語彙表 JACET8000　238
　　Tip 4　語彙リストの作成　240
　　Tip 5　語彙の難易度を比較する方法　242
　　Tip 6　紙の辞書と電子辞書の使い分け　244
　　Tip 7　推定語彙サイズの解釈で注意すべき点とは？　246
　　Tip 8　日本語を手がかりに英語を学ぶ？　248
2．語彙指導に役立つ文献案内 ……………………………………… 250

［付属 CD-ROM について］ ………………………………………… 253

1．CD-ROM 起動の方法　254
2．CD-ROM 収録内容　254
　　①すぐに使える語彙指導ワークシート集
　　　基礎編・発展編（Microsoft Word／一太郎ファイル）
　　②筆記版・PC 版語彙サイズテスト（Microsoft Word ファイル／アプリケーション）
　　③ワードサーチメーカー（Microsoft Excel テンプレート）
　　④アルファベットかるた（Microsoft Word ファイル）
3．ワークシートの内容　258
4．ワークシートの使用方法　260
5．ワークシート収録の単語　264

引用文献　268
索引　271
執筆者一覧　274

○実践例の対象レベルとキーワード○

* [ ] 内は実践例 No.	対象	キーワード	ページ
1．導入のための実践例			
［1］フォニックスの導入	小・中・高	名前読み／音素／綴り	19
［2］フォニックスの応用	中・高	音変化／音素／綴り	26
［3］カタカナ語を活かした発音指導	中・高	カタカナ語／発音／アクセント	30
［4］オーラル・イントロダクションでの単語の導入	中・高・大	オーラル・イントロダクション／具象語／抽象語	34
［5］訳で導入して，オーラル・イントロダクションで定着	中・高	訳語／オーラル・イントロダクション／インプット	41
［6］リーディング教材における語注の活用	中・高	語注／選択肢／語義	46
［7］抽象語の導入	中・高・大	抽象語／品詞の変換／派生語	52
2．定着のための実践例			
［8］5分でできる教師主導の復習活動	中・高・大	反復学習／教師主導の活動／受容・発表語彙	56
［9］5分でできるペアワークによる復習活動	中・高・大	反復学習／ペアワーク／受容・発表語彙	62
［10］ビンゴ形式による語彙の復習	小・中・高	ビンゴゲーム／反復学習／語形と音声の一致	68
［11］単語カードを利用した復習	中・高	記憶／反復学習／復習のバリエーション	74
［12］英英辞典を利用した語義の定着	高・大	英英辞典／英単語／定義	80
［13］ワードサーチを使った語形と定義の定着	中・高・大	英英辞典／語の定義／自作ワードサーチゲーム	84
［14］教科書課末の発音練習問題の活用	高	課末／繰り返しの工夫／語義と文脈	88
［15］接尾辞（-er）を使った単語の定着	中	派生語／接辞／-er	92
［16］接辞を中心とした復習	中・高	接頭辞／接尾辞／派生語	96
3．発展のための実践例			
［17］動詞・形容詞の活用	中・高	活用形／動詞／形容詞	100
［18］接辞の整理	高	接辞／接頭辞／接尾辞	104
［19］多義語の整理	高・大	多義語／語義／例文	108
［20］同義語・反意語を使った単語間のネットワーク構築	高・大	同義語／反意語／定着	112

* [ ]内は実践例 No.	対象	キーワード	ページ
[21] コロケーションを使った単語間のネットワーク構築	高・大	コロケーション／新出後／定着	118
4．予習・復習の指導例			
[22] 予習プリントに使える課題	中・高・大	形と意味の結びつき／辞書指導／文脈からの類推	122
[23] 復習プリントに使える課題	中・高・大	反復学習／復習のバリエーション／受容・発表語彙	126
[24] 単語ノートの作成と活用	中・高・大	単語ノート／文脈学習／ネットワーク構築	133
第Ⅲ章　自律した語彙学習のために			
1．辞書指導			
[25] 辞書指導：導入編	中・高・大	辞書検索／品詞／コロケーション	141
[26] 辞書指導：電子辞書の基本操作	高・大	複数辞書検索／例文検索／用例検索	147
[27] 辞書指導：応用編	高・大	ジャンプ機能／パラフレーズ／コロケーション	153
[28] 英英辞典を利用した語彙力の増強	高・大	英英辞典／英単語の定義／意味	160
[29] 単語集の利用法	中・高	単語集／潜在記憶／反復学習	164
2．文脈を利用した指導			
[30] 文脈からの意味の推測	高・大	手がかり／単語の特徴／前後関係	171
[31] 多読授業での語彙定着の工夫	高・大	多読／レベル別読本／同じ語との遭遇頻度	180
第Ⅳ章　語彙指導の評価			
1．授業での評価			
[32] 前時の復習単語テスト	中・高・大	反復学習／復習のテスト／テスト形式	195
[33] 1課ごとの復習テスト	中・高・大	復習のテスト／新出語／既習語	202
[34] 1課ごとのリーディング型テスト	中・高・大	復習／綴り／意味	208
[35] 1課ごとのライティング型テスト	中・高・大	復習／綴り／語の使用	214

* [ ]内は実践例No.	対象	キーワード	ページ
2．習熟度の評価（一般的な語彙能力の評価）			
[36] 筆記版語彙サイズテスト	中・高・大	語彙サイズ／習熟度／測定	218
[37] パソコン版語彙サイズテスト	高・大	語彙サイズ／語彙アクセス／測定	222
[38] 語彙サイズの自己テスト	中・高・大	語彙サイズ／深さ／チェックリスト	228

○執筆担当箇所○　　　　　　　　　　　　　　＜　＞内はCD-ROM収録内容

相澤一美：第Ⅰ章，第Ⅱ章実践例6，11，16，18〜19／Tip 3〜4，8／文献案内　＜ワークシート発展編＞

磯　達夫：第Ⅱ章実践例13〜14／Tip 2　＜ワードサーチメーカー＞

磐崎弘貞：第Ⅱ章実践例25〜27／Tip 5〜6

笠原　究：第Ⅱ章実践例8〜9，22〜23

小泉利恵：第Ⅳ章実践例34〜38／Tip 7　＜筆記版・PC版語彙サイズテスト＞

小島ますみ：第Ⅱ章実践例10，24

田邊　玲：第Ⅱ章実践例1〜3／Tip 1　＜ワークシート基礎編／アルファベットかるた＞

時國滋夫：第Ⅱ章実践例7，12，第Ⅲ章実践例28

星野由子：第Ⅱ章実践例15，20〜21

望月正道：第Ⅱ章実践例4〜5，17，第Ⅳ章概観，実践例32〜33／文献案内　＜ワークシート基礎編／PC版・筆記版語彙サイズテスト＞

山崎朝子：第Ⅲ章実践例30〜31

吉澤小百合：第Ⅲ章実践例29

○凡例○

・本書の実践例は，教師の悩み→ここで一工夫→指導の準備・授業展開という流れで構成されています。指導の準備・授業展開は，Prep（準備段階）→Step（授業手順）またはCase（授業展開パターン）→解説から成ります。PrepとStepは番号を追って展開しますが，Caseは入れ替え可能なバリエーションを示しています。

・各実践例の対象レベルは，実践例を導入できると想定される発達段階（例えば高校初級から，など）を網かけで示しました。

英語語彙指導の実践アイディア集
——活動例からテスト作成まで
［CD-ROM付］

第Ⅰ章

高まる語彙指導の重要性

※ 1．新学習指導要領での語彙の量的増加 ※

　平成23年度から実施される新学習指導要領では，小学校，中学校，高等学校の各段階で，大きな改革が行われることになりました。特に大きな変更点は，小学校に「外国語活動」が導入されること，中学校の授業時間数が週3時間から4時間に増えること，高等学校の授業は英語で行うことを基本とする方針が打ち出されたことです。また，すべての段階で，使用できる語彙数が大幅に増大することになりました。これらの変更から，英語の授業は特に語彙指導の面で，大きな変化が求められることになります。語彙指導を中心に，新学習指導要領の施行にともなう変化を，段階別にもう少し詳しく考えてみましょう。

■小学校

　小学校では「外国語活動」が新設されます。平成21年度から移行期間となりましたが，平成23年度からは完全実施となります。英語活動は，小学校5年生・6年生に週35時間の学習が割り当てられます。外国語活動は英語には限定されませんが，ほとんどの小学校は「英語活動」を選択すると思われます。学習指導要領では，英語活動の目的を「英語のコミュニケーション能力の素地を養う」と定義しています。この目的を達成するため，文部科学省では『英語ノート』を試作して，平成20年より全国の国際理解活動推進事業の拠点校に，平成21年度は全国の希望する全小学校に配布しました。今後，英語活動の教材として，全国の小学校で使用されると予測されます。

　この『英語ノート』では，どれくらいの単語が使われているのでしょうか。児童用の『英語ノート』には，ほとんど単語が印刷されておらず，まるで絵本のようです。中條・西垣・宮﨑（2009）は，『英語ノート』の教授資料にある児童用英文に使用されている語彙を分析し，異なる単語がいくつ使われたかを報告しています。その語数（異語数）は，表1の通りです。（　）は固有名詞等を含む語数を表しています。5年生と6年生で重複して用いられている単語がある関係で，異語数の合計は386語になります。

表1 『英語ノート』の使用語数（中條他，2009より）

	5年	6年	計
異語数	188 (247)	290 (457)	386 (581)

　英語活動では，音声面の「聞く」と「話す」を中心とし，文字指導は行わないことになっています。ほとんどの場合，英語を専門としない学級担任が英語活動を指導すると予想されます。以上の点から，小学校では，『英語ノート』の音声教材を活用した語彙指導が中心になると思われます。

■中学校

　中学校では，授業時間数が週3時間から4時間に増え，「聞く」と「話す」の重視から，「読む」と「書く」を加えた4技能重視となります。また，語彙数も900語から30％あまり増加して1200語となります。さらに，小学校で英語活動が導入されるため，英語力の異なる生徒が入学してくることになります。

　『英語ノート』で使われた単語は，中学校の教科書でも使用されているのでしょうか。中條・西垣・宮﨑（2009）は，現在使用されている大手3社の中学校教科書と『英語ノート』の使用語彙を調査し，表2のように報告しています。残念なことに，『英語ノート』で導入された語の54.9％から58.8％しか中学校教科書と重複していません。重複の割合が低いのは，小学校の英語の目的がコミュニケーション能力の素地を養うことであり，中学校英語の前倒しではないことを裏付けていると思われます。

表2 『英語ノート』と中学校教科書の重複語彙数（中條他，2009より）

	New Horizon	New Crown	Sunshine
『英語ノート』との共通語数	227語	212語	226語
『英語ノート』で占める割合	58.8%	54.9%	58.5%

新学習指導要領では，中学校で300語も増えますが，現行の教科書と『英語ノート』で200語余りが重複していることや，授業時間が1時間増えることにより，語彙学習の負担はそれほど増加しないと思われます。むしろ，1単位の増加を受けて教科書のページ数が増えれば，繰り返して使われる語の割合（反復率）が高くなり，今まで以上に語彙を学習しやすくなる環境が整う可能性もあります。

　この変更で最も影響が出そうなのは高校入試です。表3は，平成18年度版中学校教科書6種類で共通して使用された語数を示しています（中央教育研究所，2006）。現在の指導要領では，新語数が900語程度と規定されていますが，6種類すべての教科書で使用されているのは436語しかありません。中学校の教科書であっても，教科書ごとに使用されている単語にかなりのばらつきがあります。

　学習指導要領の改訂で，使用できる語が300語増えれば，教科書ごとの使用単語のばらつきは，さらに大きくなると予想されます。高校入試問題で，どの教科書で学習した生徒にも，使用語彙の面で不公平にならないように配慮することは一層難しくなるでしょう。

表3　平成18年度版中学校教科書の共通使用語彙頻度

頻度	6	5	4	3	2	1	計
語数	436	203	182	211	407	1376	2815

■高校

　高等学校段階では，科目が再編され，必履修科目が見直されました。改訂後は，「コミュニケーション英語基礎」，「コミュニケーション英語Ⅰ，Ⅱ，Ⅲ」，「英語表現Ⅰ，Ⅱ」，「英語会話」となります。語彙数の面では，中学校の1200語程度と，高校の「コミュニケーション英語Ⅲ」までを含めて，使用できる累積語数は次頁の表4の通りとなります。

表4　平成23年度版高校教科書の予想使用語数

科目名	使用語数	累積語数
中学校英語	1200	1200
コミュニケーション英語Ⅰ	400	1600
コミュニケーション英語Ⅱ	700	2300
コミュニケーション英語Ⅲ	700	3000

　教科書で使用されている語彙をすべて学習すれば，大学入試が乗り切れるでしょうか。例えば，大学入試センター試験は，教科書で学習した語彙や文型が出題されることになっています。使用できる累積語数が3000語ですが，学習指導要領にはどの語を使用するかについての規定がありません。そのため，教科書によって使用する語にばらつきが多くなります。

　表5は，ある年度の大学入試センター試験問題を学習語彙表JACET 8000で頻度分析した結果（Aizawa, Yamazaki, Fujii, & Iino, 2009）です。ただし，固有名詞などに分類される語（6.57%）はすべて知っているという前提で，1000語レベル（1K）に入れてあります。英文読解を可能とするためには，テキスト中で学習者が知っている語が，テキストの総語数に占める割合（テキストカバー率）で98%以上が必要という説（Nation, 2001）があります。この表によると，センター試験の問題で98%のカバー率に到達するのは，4000語（98.76%）が必要となります。

表5　大学入試センター試験の語彙頻度分析

語彙頻度	1K	2K	3K	4K	5K
カバー率	89.41	5.57	2.54	1.24	0.53
累積カバー率	89.41	94.98	97.52	98.76	99.29

※ 2．単語を学習すること ※

　「単語を学習すること」はどういうことでしょうか。最も一般的なの

は,「英語の単語を見て意味がわかるようになること」を指すことが多いと思います。しかし,これは,単語の知識の中の1つの面だけでしかありません。Nation（2001）は,語彙知識を「形」,「意味」,「使用」の3つに分け,さらに3つに細分化して語彙知識の諸側面を横断的に記述しています（表6参照）。それぞれの側面には,「発表的知識」と「受容的知識」の2つの面があると定義されています。

この中でも,私たち外国語学習者の場合は「意味」の「語形と意味」が最も重要であると思われます。単語を学習するということは,語形と意味を中心として,これらの語彙知識の諸側面の1つ1つを獲得するプロセスであると思われます。

表6　語彙知識の記述（Nation, 2001を改編）

形	音声	受容	その語はどのように聞こえるか
		発表	その語をどのように発音するか
	綴り	受容	その語はどんな語形をしているか
		発表	その語はどのように綴られるか
	語構成	受容	その語の中でどの部分が認識できるか
		発表	その語の意味を表すためにどの部分が必要か
意味	語形と意味	受容	その語はどんな意味を表しているか
		発表	その意味を表すのにどんな語形を使用できるか
	概念と指示物	受容	その概念には何が含まれるか
		発表	その概念をどんなことばで言及するか
	連想	受容	その語はどんな語を連想させるか
		発表	その語の代わりにどんな語を使えるか
使用	文法的機能	受容	その語はどんな文型で使用されるか
		発表	その語をどんな文型で使用しなければいけないか
	コロケーション	受容	その語といっしょにどんな語が使用されるか
		発表	その語とどんな語をいっしょに使用しなければいけないか
	使用の制約	受容	その語をいつどこでどのくらい頻繁に目にするか
		発表	その語をいつどこでどれくらいの頻度で使用できるか

学習者はどのようにしてこれらの単語の知識の諸側面を学習しているのでしょうか。大きく分けて3つの段階があります。

■第1段階
　一度見たり聞いたりした単語に再び出会ったとき，それ以前に出会ったことがあるということを思い出せる段階です。つまり，発音や語形を再認できる段階です。単語の学習は，まず単語の発音や綴り（形）を記憶にとどめることから始まります。この段階では，単語の意味は記憶できていません。

■第2段階
　単語の綴りを見たり発音を聞いたりしたときに，単語の意味を正しく思い出せる段階です。リーディングやライティングの活動で，単語を見たり聞いたりしたときに，単語の意味を想起できる単語を受容語彙とよびます。学習者の受容語彙の大きさは，1つの英語力の指標になると言われています。

■第3段階
　スピーキングやライティングのときに単語を使える段階です。必要に応じて使える状態にある単語を発表語彙といいます。発表語彙が1,000語あれば，ほぼ日常生活には困らないとレベルと言えるでしょう。

　ここでは単語の知識として3段階をご紹介しましたが，Paribakht and Wesche（1993）は，Vocabulary Knowledge Scale（VKS）を提案して，語彙知識を5段階で評価しようとしています（図1参照）。第1段階と第2段階は，再認ができるかどうかのレベルです。第3段階と第4段階は，受容語彙として定着しているレベルです。第5段階は，発表語彙として使えるレベルです。このテストは，第3段階以上では自由回答で単語の意味や例文を答えることになっています。その答えが誤っていると，採点の時に自己申告した段階が修正されます。

```
第1段階  この単語を見たことがない。
第2段階  この単語を見たが，意味はわからない。
第3段階  この単語を見たことがある。意味は，＿＿＿＿だと思う。
第4段階  この単語を知っている。意味は，＿＿＿＿である。
第5段階  この単語を文の中で使うことができる。＿＿＿＿
```

図1　Vocabulary Knowledge Scale（Paribakht & Wesche, 1993より）

しかし，この基準では，受容語彙として定着する第4段階と発表語彙として使える第5段階の間が飛躍しているように思われます。受容語彙から発表語彙へ，どのように変化していくかは，もう少し細かい段階があるという主張があります。図2は，Henriksen（1999）が示した語彙知識の受容語彙から発表語彙への発達過程を図式化したものです。彼女の仮説では，単語の「数音節や数文字を知っている」段階，「音韻的に正しく発音できる・綴れる」段階，発表語彙として単語を「正しく発音できる・綴れる」段階と発展的に続きます。このように，単語を受容語彙として定着させてから，発表語彙として使えるまでには，いくつかの語彙知識の諸側面を学習していく段階があると考えられます。

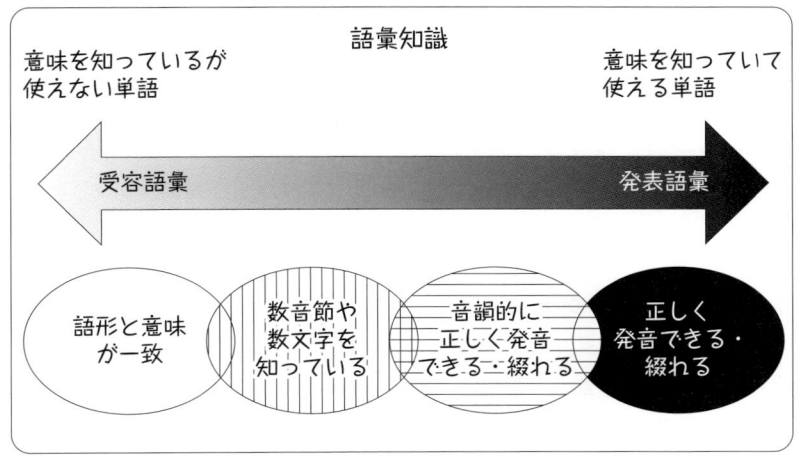

図2　受容語彙から発表語彙への変化（Henriksen, 1999より作図）

一度受容語彙として定着しても，語形と意味以外の面での知識を増やしていかないと発表語彙として使えるようにはなりません。すべての単語の発達段階がこの図に示したプロセスを経るとはかぎりませんが，正しく発音できて綴れる語彙を増やすためには，単語に関する知識を少しずつ積み重ねることが必要と思われます。

※ 3. 語彙指導の実践例 ※

本書では，語彙指導実践アイディア集として，第Ⅱ章と第Ⅲ章で計31の実践例（以下 [ ] 内の数字で表示）を提案しています。ほとんどの実践例は，受容語彙として定着させることを指導の主眼としています。実践例は，教室内で行う語彙指導の活動と自律した語彙学習を促す活動に大きく2つに分けられます。

各実践例には，活動の目的と対象となる生徒のレベルが示してありますので，活動を選ぶ際の目安としてください。また，活動を準備するのに要する時間（準備時間），活動に要する時間（活動時間）などが示してあります。

なお，評価とテストについては第Ⅳ章で扱っています。

3.1 語彙指導の実践例

教室での語彙指導は，「導入のための実践例」「定着のための実践例」「発展のための実践例」と大きく3つに分けられます。実践例は，できるだけ具体的なものになるように，実際の教科書（大修館書店発行の検定教科書 *Genius, Captain*）を使って紹介しています。

3.1.1 導入のための実践例

新出語の発音や意味をどのように導入すればよいかは，非常に重要な問題です。最初に覚えた意味や発音で記憶に残ることが多いからです。小学校から中学校の入門期では，発音と綴りの関係が定着していませんので，正確な発音を定着させる工夫が必要です。この段階では，発音記号を直接導入することはできませんので，フォニックスの代表的な規則

を導入します。特にアルファベットの音読みは、発音の規則性が高く、指導効果が期待できます。

　実践例として、アルファベットの読み方と英語の発音との違いに気づかせる活動［実践例1，2］や、日本語として使われている英語起源のカタカナ語が英語の発音とどう異なるかを理解する活動［3］を提案しています。カタカナ語は、日本語と英語が直接結びついていますから、活用できるようにしたいものです。

　中学校から高校段階になると、授業における新出語の導入方法として、オーラル・イントロダクションを利用した活動［4，5］がよく用いられます。特に新学習指導要領では、高校の授業は英語で行うことを基本とすることになっていますので、英語で内容の導入を行いながら単語の意味を確認していく活動は有効です。その他、リーディング活動における語注の活用方法［6］や、抽象語の導入方法［7］を紹介しています。

3.1.2　定着のための活動例

　授業で単語をどう定着させていくかということは、教師にとって最も工夫が必要な点です。教師がせっかく工夫を凝らして単語を導入しても、その単語の知識が定着しなければ授業は成功とは言えません。定着を図る実践例では、毎時間の授業や授業の後で学んだ語彙を定着させるための活動を紹介します。

　中学校から高等学校の授業では、授業の最初に前時の復習を行うことが多いと思われます。その復習の中で使える活動として、授業開始5分でできる単語の復習活動［8，9］を紹介しました。また、中学校から高校段階でのビンゴ形式の語彙の復習［10］や、単語カードを利用した復習［11］を紹介しています。単調になりがちな語彙の復習に、ゲームの要素など変化を加えて、楽しく単語の復習ができるようにしましょう。

　また、接尾辞を使った単語の定着［15］や接辞の復習［16］は、単語を1語1語学習する項目学習（item learning）ばかりでなく、単語の語構成のしくみを学習する体系学習（system learning）の要素を取り入

れています。高校初級レベルでの語彙数が増えてくれば，少しずつ接辞の指導を取り入れていきましょう。

さらには，単語の定義を使いながら，単語の意味の定着を目指した学習［12，13］があります。13と連動して，付属のCD-ROMには，実際に復習させたい単語を入力すると，マス目が完成するエクセルのテンプレートが収録されていますので，活用してください。また，教科書の各レッスンの最後に発音の練習問題が取り入れられている場合がありますが，それをどのように活用したらよいかも提案［14］しています。

3.1.3　発展のための実践例

発展の活動は，語彙に関する断片的な知識を整理して，より一層の語彙知識の定着を図ろうとするものです。各レッスン，学期，学年などの単位で取り入れたい実践例です。

中学校レベルでは，動詞や形容詞の活用形を整理する活動［17］を紹介しています。高校レベルでは，接辞［18］や多義語［19］の活動例を挙げました。一度学習した単語は最初に覚えた意味で記憶されますが，その後の学習で，その単語の別の意味を知って驚くことが少なくありません。基本的な単語ほど複数の意味を持つ場合があります。電子辞書が広まり，紙の辞書に触れる機会が減ってしまっていますが，是非試してみてください。

単語間のネットワーク構築では，同義語・反意語の定着［20］とコロケーションの定着［21］を紹介しました。複数の単語が結びついてネットワーク上に記憶されていると言われていますが，この2つの活動はまさにこのネットワーク構築をねらいとしています。

3.1.4　予習・復習の指導例

毎日の授業には時間的に制約があるので，単語を取り上げて十分に指導するには限界があります。そこで，自然と生徒の予習と復習の果たす役割が大きくなります。生徒がポイントを絞って学習できるためのプリントを作成するための工夫［22，23］や，復習に役立つ単語のノートの作成方法［24］を取り上げました。

3.2　自律した語彙学習のために

3.2.1　辞書指導

　生徒が自ら進んで語彙を学習するためには，自律的な学習を支援することが必要です。例えば，必要に応じて辞書が使えたり，単語集を使って自分で計画的に学習したりできるようにすることが重要です。辞書のスキルや電子辞書検索の方法［25，26，27］などは，授業の中で指導することが大切です。また，英英辞典や市販の単語集の使い方の指導はほとんどなされていないようです。本節で上手な使い方の例を示しました［28，29］。

3.2.2　文脈を利用した指導

　単語の学習には，単語の学習それ自体を直接的な目的とする意図的学習と，リーディングやライティングなどの活動をしながら付随的に起こる偶発学習とがあります。単語の意味を学習するのは直接的学習が有効ですが，例えばNation（2001）の「連想」，「コロケーション」，「使用の制約」などに該当する語彙知識は，偶発的に学習していると思われます。

　語彙の偶発学習は，英文をたくさん読んだり聞いたりするときに起こります。実践例［30，31］では，直接的な語彙の学習ではありませんが，多読をしながら語彙を偶発的に学習させるための環境作りの例を紹介しています。

　以上が本書で紹介している語彙指導実践例の概略です。なお，第Ⅳ章の語彙指導の評価については，第Ⅳ章の概観（p.191）でくわしく紹介していますので，ここでの説明は省略します。

　学習指導要領が改訂され，使用される語彙数が増大します。語彙学習は，繰り返しが重要ですが，毎日同じ方法で繰り返すと単調になってしまいます。生徒のレベルや指導目標に合った実践例を使って，語彙指導を充実させてください。

第Ⅱ章

語彙指導の実践例

1．導入のための実践例（実践例１～７）
2．定着のための実践例（実践例８～16）
3．発展のための実践例（実践例17～21）
4．予習・復習の指導例（実践例22～24）

Ⅱ-1. 導入のための実践例
【実践例1】
フォニックスの導入
（文字の規則的な発音の指導）

対象……………　| 小学校 | 中学校 | 高　校 | 大　学 |
目的……………発音と綴りの関係に気づかせる
キーワード……名前読み　音素　綴り
準備時間………10分　（アルファベットかるたの作成に20分）
活動時間………教室内の学習・各Step10分程度

※ 教師の悩み ※

「単語が読めなくなって英語が分からなくなった」という生徒に対処するために，フォニックスを導入したいと思っています。ただし，①すべて身につけるにはルールが多くて時間がかかる，②基礎的な語において特に例外が多い，③アクセントの位置が分からないと複音節の語はルールが当てはめづらい，などの理由で手が出せないのですが…。

※ ここで一工夫 ※

フォニックスのルールを生徒に分かりやすく導入するために，以下のような優先順位をつけて指導してみましょう。

順位1：文字と名前読みの接続
順位2：文字と音読みの接続
順位3：母音字の名前読みとサイレントeの関係
順位4：子音字＋子音字

これらはアルファベットかるた等を用いて楽しく覚えさせましょう。必ず優先順位1からと言うわけではないので，生徒の定着度に合わせて始める活動を決めましょう。

※ **指導の準備・授業展開** ※

　まず，ルールの優先順位に沿った以下のような活動展開に合わせて，それぞれアルファベットカードやかるたを用意します。

順位1. 掲示用アルファベットカード26文字（マグネット付）
　　　背景色を母音字［薄緑］，子音字（有声音）［水色］，子音字（無声音）［桃色］で色分けする。文字色を名前読みで共通する母音の音素で色分けする。（⇨付属 CD-ROM）

順位2. アルファベットかるた26文字×生徒のグループの数

順位3. 母音字の短音と長音のペアのカード（win と wine など）

順位4. 子音字＋子音字のかるた（ch, th など）

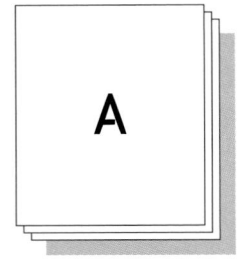

| Step 1 | Step 2 | Step 3 | Step 4 | 解説 |

■優先順位1：文字と名前読みの接続

　まず，文字と名前読みの確認をします。中学校入学直後でも，多くの生徒が大文字と名前読み（エィ，ビー，スィー…）は見て分かるようです。また，ローマ字で習った読み方はおおよそ分かっています。そこでいくつか名前読みの特徴をつかませるためのクイズを出します。アルファベットカードを以下のように並べて出題します。

　Q. 仲間の特徴を探そう！
　① A・E・I・O・U
　② B・C・D・E・P・T・V・Z
　③ F・L・M・N・S・X
　④ I・Y
　⑤ Q・U・W
　⑥ A・H・J・K

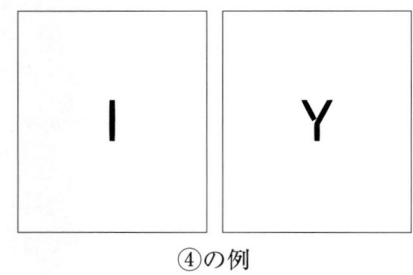

④の例

［答えと解説］①はもちろん母音です。生徒には日本語の「あいうえお」と同様に重要な文字です。②以下は同じ音素がそれぞれ含まれています。②は /iː/，③は /e/，④は /aɪ/，⑤は /júː/，⑥は /eɪ/ がそれぞれ含まれています。ただし，②ではVは「ブイ」ではなく /víː/ であり，Zは /zíː/ であることを説明します（/zéd/ とも読みますが便宜上こちらを採用します）。また，⑥はカタカナ語と違い「エー」を /éɪ/ に，「エッチ」を /eɪtʃ/ に直します。このように仲間ごとに色分けすると入門期の生徒には分かりやすくなります。これは次の Step への橋渡しにもなります。

バリエーションとして，アルファベットの小文字の定着も図りたいときには，裏やとなりに小文字も印刷しておくと便利です。

| Step 1 | **Step 2** | Step 3 | Step 4 | 解説 |

■優先順位2：文字と音読みの接続

続いて「音読み」を導入します。Aには名前読みのエィ /eɪ/ 以外に音読みのア /æ/ という音があります。Bにはビー /bíː/ とブッ /b/，Dにはディー /díː/ とドゥ /d/ などそれぞれの文字に2つずつの音があります。ただし，Cに /síː/，/k/，/s/ があるようにいくつかの文字には3つの音があります。Step 1で行ったクイズの共通音素（②であれば /iː/）を除いたものがおおよそ音読みになります。そして，ここが大切なのですが，略語（CDやUK）などの一部例外を除き，子音字は基本的に音読みで発音され，母音字は名前読みと音読みの両方の読み方で発音されます。特に u は音読みがウではなく，ア /ʌ/ となることに注意しましょう。

定着にはアルファベットかるたが有効でしょう。26文字をそれぞれ1枚ずつセットにして読み手が「エィ」と読んだら「A」の札を取るゲームですが，読み手が「ア，ア，エィ」のように音読みをしてから名前読みで読み上げると両方の読み方の定着が図

れます。母音字およびDやFのように音読みを聞いたらすぐ分かる「1字きまり」の子音字から始め，C/K/Qのように音読みだけではお手付きしてしまう「2字きまり」ものへ，そしてL/RやB/Vなど聞き分けにくいものへと進めていくと盛り上がります。

　バリエーションとして，アルファベットの音読みを定着させるのにABC songを音読みヴァージョンで歌わせるのも効果的です。ABC songは「エィ，ビー，スィー…」ではなく「ア，ブッ，クッ…」と歌っていきます。ただし音程を気にし過ぎると，無声音の後に母音を入れてまで歌おうとしてしまうので，あくまで音楽はリズムを合わせるために使っている，と考えましょう。

| Step 1 | Step 2 | **Step 3** | Step 4 | 解説 |

■優先順位3：母音字の名前読みとサイレントe
　子音字は単語の中では音読みするのでよいのですが，母音字は音読みだけでなく名前読みをすることもあるので，学習者はどちらを使えばよいのか迷ってしまいます。そこで指標になるのが語尾で発音しない -e です。

　ワークシート5・6には -e で終わっている単語があります。最後の3文字を見てみると -a○e か -i○e で終わっています（○は子音字）。このように語尾が -e のものは，その e を発音せず，その代わりに1つ前の母音字を名前読みにする働きをします。例えば，tap /tæp/ と tape /teɪp/，win /wɪn/ と wine /waɪn/ などの例があります。

　これもワークシートで確認後は，アルファベットかるたを使って定着させましょう。音と文字の関係を深く結びつけるための活動なので，できれば文字だけの方が望ましいのですが，次ページの例のように生徒の実情に応じて裏に絵と文字を載せて，初めのうちはそちらを使ってもよいでしょう。

　バリエーションとして cake と tape から cape，あるいは cake と take から fake の音を想像させるという活動も考えられます。フォニックスの目的の1つが未知語でも音は分かるようにすることであり，ここから

cake	take	fake
cape	tape	

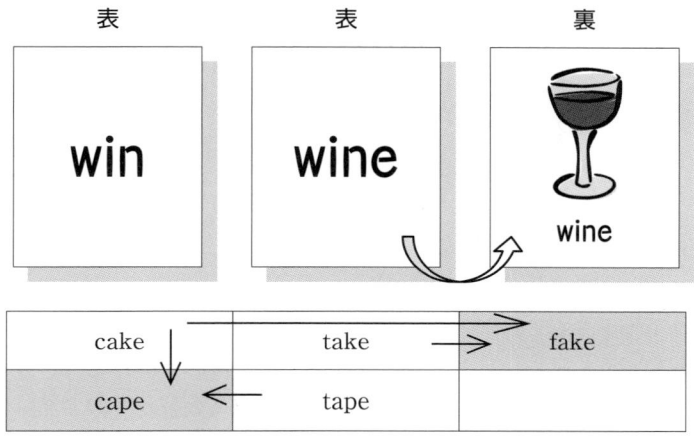

カタカナ語情報につながれば意味の推測までできる可能性があります。例えばfakeの音が「フェイク」と分かり，毛皮の「フェイクファー」やバスケットボールの「フェイク」とつながれば，「…のふりをする，だます」という意味が導けるかもしれません。

Step 1 | Step 2 | Step 3 | **Step 4** | 解説

■優先順位４：子音字＋子音字

子音字を組み合わせて別の音を表すことがあります。まず，後ろにhが付くch, th, sh, whの４つは押さえておきましょう。これらは*/kh/クッフッや*/th/トゥフッではなくそれぞれ，/tʃ/, /θ/, /ʃ/, /hw/になります。また，ckは*/kk/クックッではなく/k/クッであることも確認します。他にもth /ð/, ng /ŋ/, ph /f/, gh /f/（あるいは黙字）などがありますが初学者は後回しでもいいでしょう。

ch, sh, th, whの４つについて指導が終わったら，アルファベットかるた26文字と合わせて30枚でかるたを行うと，zとthの違い

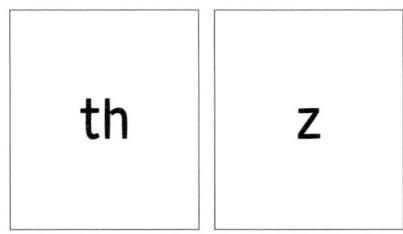

などが分かっているか評価しやすくなります。

　アルファベットかるたは少しずつ難易度を上げやすいゲームです。26枚だけでなく指導したルールの文字をどんどん足していくことができます。また，学習が進めば絵と文字が書かれた札に替えて，「シュ，シュ，SHOP」のように音素から単語全体の音へ増やしていくことができます。

※ バリエーション ※

　バリエーションとして，十分発音練習をした後に，伝言ゲームの要領で列対抗の競争ができます。黒板に磁石付きの札を貼っておきます。教師が教室の後ろで列の最後尾の児童・生徒に文字（"t"や"ch"など）を示し，同じ列の前の児童・生徒に次々小さな声で伝言させます。先頭の児童・生徒は黒板に貼ってある札をあらかじめ渡された蠅たたきで叩きます。一問終わったら先頭の児童・生徒は一番後ろへ来て，1人ずつ前に移動します。

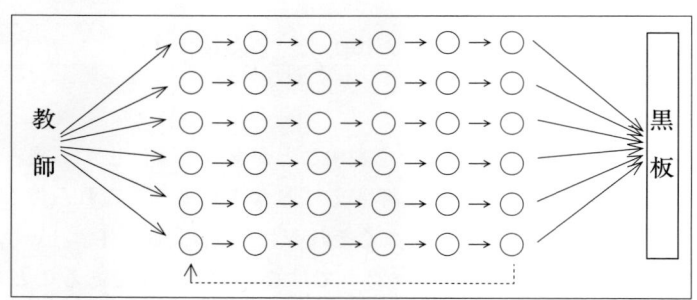

| Step 1 | Step 2 | Step 3 | Step 4 | 解説 |

　フォニックス指導の最大のメリットは，知らない単語を聞いておおよその綴りが分かることです。そして知らない単語を見て正しく発音できることです。どちらか一方に偏らず，綴りと発音の両方をスパイラルに学習できる計画を立てましょう。文字を音素単位で認識できるので，入

門期から高校の初めごろまで工夫をしながら身につけさせたいものです。下にレベルに応じて導入したいルールを表にまとめました。

　フォニックスでは単語の読み方に力点が置かれ，ルールを習得すれば多くの単語を読むことができるようになりますが，ルールを覚えるのが大変で動機付けができない場合があります。一方，文章の内容理解に力点が置かれるホール・ランゲージ・ティーチング（whole language teaching）では楽しく学べますが，初見で読める単語がなかなか増えません。どちらが英語教育に効果的であるかという論争が長年続きましたが，現在アメリカの多くの小学校ではフォニックスを活用しつつ，両者の良さを生かした教育がなされているようです。外国語環境にある日本では学習者の環境にあったバランスでフォニックスを活用していけるとよいでしょう。

表1-1　優先順位を考慮したフォニックスのルール表

レベル	ルール	本書の実践例	ワークシートNo.（付属CD-ROM収録）
1	名前読み，音読み（複数あるものは片方），サイレントe，二重子音字のいくつか（ch, sh, th, wh）	1	1〜6
2	音読み（複数あるものの他方），母音字+r，w+母音字+r，母音字+母音字，強勢のない母音字	2	7〜11
3	ng, ph, ghと黙字，その他の細かいルール		

Ⅱ-1．導入のための実践例
【実践例2】
フォニックスの応用
（綴りと発音が不規則な単語の指導）

対象………… | 小学校 | 中学校 | 高校 | 大学 |
目的…………発音と綴りの関係を理解させる
キーワード……音変化　音素　綴り
準備時間………10分　　　　活動時間……10分

❊ 教師の悩み ❊

　フォニックスの基本だけではルールに当てはまらない語も多いようです。フォニックスの基本を教え終えて，もう少し余裕があるときに押さえておくべきルールはどれでしょうか。

❊ ここで一工夫 ❊

　フォニックスのルールで例外が多くなるのはやはり母音の発音です。これは英語の発達の歴史上，印刷技術の向上で綴りが定着していく一方，母音の発音は変化してしまったものがあり，同じ綴りでも異なる発音のものが出てきたのが大きな理由の1つのようです。そこでいくつかの母音字が重なる綴りの発音を取り上げ，その特徴を確認してみましょう。本節では以下の通りルールに優先順位をつけました。

　順位1：母音字＋r
　順位2：母音字＋母音字（前の母音字の名前読みになるもの）
　順位3：母音字＋母音字（前の母音字の名前読みにならないもの）
　順位4：アクセントのない母音字

※ 指導の準備・授業展開 ※

Step 1 / Step 2 / Step 3 / Step 4 / 解説

■優先順位1：母音字＋r

　まず，付属 CD-ROM 収録のワークシート7を使用して母音字にrが付いた綴りの発音を確認します。基本的に，ar は /a:r/，or は /ɔ:r/，それ以外の er, ir, ur は /ə:r/ になります。ただし，w が前につくと（w）ar は /(w)ɔ:r/ に，(w)or は /(w)ə:r/ になります。これはワークシート8で扱います。

　タスク1では教師が9つの語を順不同で読み上げ，後について発音させます。"No. 1 /ɔ:r/ fork No. 2 /ə:r/ bird, No. 3 /a:r/ park …"のようにまず母音部分だけを発音してから単語全体を発音すると比較させたい母音に集中させることができます。また，母音部分は少し明瞭に強調して発音すると違いが分かりやすくなるでしょう。

　タスク2では絵を見て綴りを書かせます。余分な母音が入らないよう，発音通りに綴れるように注意させましょう。

Step 1 / **Step 2** / Step 3 / Step 4 / 解説

■優先順位2：母音字＋母音字（前の母音字の名前読みになるもの）

　続いて，同じようにワークシート9～10を使用して母音字＋母音字について確認します。まず，前の母音字の名前読みになるものがいくつかあります。例えば，ai や ay は前の母音字 a の名前読みの /eɪ/，同様に ea や ee は /i:/，oa は /ou/ となります。ただし後ろに r が付くと，やはり音が変わることがあります。air は */eɪr/ ではなく /eər/，ear と eer は */i:r/ ではなく /ɪər/，oar は */our/ ではなく /ɔ:r/ となります。

Step 1 / Step 2 / **Step 3** / Step 4 / 解説

■優先順位3：母音字＋母音字（前の母音字の名前読みにならないもの）

　また，前の母音字の名前読みにはならない組み合わせもあります。例

1．導入のための実践例

えば，oo は /uː/ か /u/，ou や ow は /au/（時に /ou/）となります。oo に関しては moon（/uː/）と foot（/u/）のように 2 種類の音があるので注意が必要です。これにはワークシート 11 を使用しましょう。

| Step 1 | Step 2 | Step 3 | **Step 4** | 解説 |

■優先順位 4：アクセントがない母音は /ə/（schwa：あいまい母音）

　フォニックスを学ぶ上でアクセントの位置はとても重要です。今までの母音字のルールは基本的に単音節の単語，あるいは，複音節の単語のアクセントがある音節について当てはまるものでした。では複音節の単語でアクセントのない音節の母音字についてはどうなるかと言うと，極端な話すべて /ə/ でも大丈夫，というくらいです。例えば，以下の文（1）をルール通りに発音するとこうなります。

　(1) I am going to study in Canada.
　　　/aɪ æm gouɪŋ tuː stʌdi ɪn kænædæ/

しかし，単語内のアクセントの位置を確認し，be 動詞・前置詞・人称代名詞のように弱形がある語は文脈に照らし弱形にすると，(1)′のようになります。

　(1)′ /aɪ əm gouən tə stʌdi ən kænədə/

さらに，文内のアクセントがある単語（複音節ならアクセントのある音節）の位置（●）と，ない位置（・）を確認し，「●」はルール通りに，「・」はすべて /ə/ にすると (1)″のようになります。

　　　　●　・　・　・　●　・　・　●　・　・
　　　　I am going to study in Canada.
　(1)″ /aɪ əm gən (t)ə stʌdə ən kænədə/

　これでもたいていの場合，問題なく通じます。また，英語母語話者は「●」をほぼ等間隔で発音します。これを意識させるのに効果的なのが歌やチャンツです。以上は極端な例ですが，生徒が個々の単語を正確に発音できるようになった後，少しずつ母語話者の速さに近づけていくときのヒントになるはずです。

| Step 1 | Step 2 | Step 3 | Step 4 | **解説** |

　まだ他にも音声に関する細かいフォニックスのルールはありますが，まずは実践例1と2で紹介した8つのルールを指導し定着させれば，教科書の多くの単語を音読させられます。例外のルールが出てきたらまず新たな読み方だと示し，同じ例外のルールがもう一度別の語で出てきたときにルールを指導するといいでしょう。例えば初出の station の -tion の部分は「こう読むこともあるんだね」としつつ，international の -tion- で「以前 station でも読みづらかった -tion はやはり /ʃən/ になるんだね。実はコミュニケーションやインフォメーションなんかもこのルールになるんだ。ションというよりシュンに近いかな。では練習してみよう。」のように行います。

　音読指導を行う際には，①フォニックスのルールを指導すること，②新出語の導入ではアクセントの位置が身につくまで音読すること，③教科書本文等では文内で強く読まれる語とそのアクセントの位置が分かるように音読すること，④間違っていたらすぐに指摘することに気を付けましょう。

　入試などの発音問題ではフォニックスルールの例外の語がよく出題されます。しかし「入試によく出る」と例外ばかりを強調して教えることは，かえって発音と綴りの不一致性を印象付けてしまい，結果として発音への苦手意識を増長してしまいます。やはりルールをきちんと身につけた上で例外を少しずつ教えていけるよう計画的に指導しましょう。

Ⅱ-1. 導入のための実践例
【実践例3】
カタカナ語を活かした発音指導

| 対象 | 小学校 | 中学校 | 高校 | 大学 |

目的…………カタカナ語を効果的に活用する
キーワード……カタカナ語　発音　アクセント
準備時間………各5分　　　活動時間……各5分

※ 教師の悩み ※

単語の意味を習得するときにカタカナ語が役立つ部分があるかと思い，新出語の指導などで取り入れているのですが，かえって発音が悪くなるのではないかと心配しています。どうすればよいでしょうか。

※ ここで一工夫 ※

確かにカタカナ語は日本語に広く浸透しており，もはやカタカナ語を1日中一度も聞かなかったという日はないくらいでしょう。せっかく英語をゼロから始めなくてすむのですから，上手に利用したいものです。ただ，英語とは発音面で大きな隔たりがあることも事実ですから，効果的な矯正が必要でしょう。それがうまくできれば，意味の面でも発音の面でも大きなメリットになります。

※本節におけるアクセントとは主に「強勢（stress accent）」を指します。方言に由来する「なまり，方言（accent）」を意味するものではありません。

※ 指導の準備・授業の展開 ※

| Step 1 | Step 2 | Step 3 | Step 4 | 解説 |

■母音挿入

　カタカナ語と英語の発音の大きな違いとして挙げられるものの1つが余分な母音挿入です。ひらがなやカタカナ自体が子音と母音を両方含み，日本語の単語がほとんど母音で終わるのに対し，英語は子音で終わる語がほとんどです。意識して子音の後に余分な母音を入れないように指導する必要があります。まず，実践例1で挙げたフォニックスを実践して，文字通りに子音字は子音だけで発音できるようにさせましょう。ワークシート3，4で挙げた語の中では，特に golf や milk, belt などの連続子音字に，それぞれ母音が入らないように気を付けさせます（*/golufu/, */miluku/, */beluto/ とならないように）。発音させる順番を綴り順ではなく母音からにすると生徒もまねしやすくなります。例えば golf であれば /ɔ/ → /ɔl/ → /ɔlf/ → /gɔlf/ の順にします。

| Step 1 | Step 2 | Step 3 | Step 4 | 解説 |

■日本語にない音

　日本語にない音素も厄介です。発音したことのない音素を作り出すのは誰にとっても難しいものです。

　細かい発音の仕方や調音の説明は音声学の本に譲りますが，まずどの音素がカタカナ語と英語で大きく違うかを見ていきましょう。子音では f/v, th, l/r の訓練が特に必要です。これらの音素の指導には靜（2009）で紹介されている「English あいうえお」という練習方法が効果的です。焦点を当てる音素以外は日本語のあいうえおを付けることで覚えさせたい子音に特化した練習ができます。例えば /f/ であれば /fa/ /fi/ /fu/ /fe/ /fo/ のように発音させます。/fæ/ 等とさせないことで /f/ の音に集中できるのです。

| Step 1 | Step 2 | **Step 3** | Step 4 | 解説 |

■アクセントの置き方

　母語話者に違和感を持たせるのは，実は発音の違いよりアクセントの位置の違いである，とも言われています。ワークシート14～15にはstress, talentの例があります。これらはどちらも余分な母音挿入があるという点だけでなく，カタカナ語におけるアクセントの位置と英語におけるアクセントの位置が違うという共通点もあります。芸能界のタレントとtálentや，ストレスとstréssという具合です。カタカナ語を利用する際には発音だけでなく，アクセントの位置にも気を付けて導入すべきでしょう。

| Step 1 | Step 2 | Step 3 | **Step 4** | 解説 |

■アクセントの違いをうまく分からせる方法

　アクセントのように見えないものを認識するのは意外と難しいものです。「タレント」と「タレント」のアクセントの違いがなかなかつかめない生徒もいます。そのような生徒に違いをうまく分からせるには以下の3点に注意しましょう。ポイントは「極端」から「自然に」です。

　アクセントがあるところだけ次の3つの項目を強調して，①長く，②はっきりと，③音程（pitch）を高く発音します。逆にそれ以外は低く，短く，あいまいに発音します。これをまずは極端に行うことで「タレント」は「タールン」，「タレント」は「トゥレーン」と示し，違いを認識させます。次に①を取って「タルン」へ，それから②もとって「タルントゥ」と変えて練習します。最後に「タレントゥ」のようにアクセントがない方を高くできると質問文（"Talent?"）等にも対応できるようになります。

強調項目　①＋②＋③　　②＋③　　③　　なし
音程　高↑　タールン　⇒　タルン　⇒　タルントゥ　⇒　タルントゥ
　　　低↓

| Step 1 | Step 2 | Step 3 | Step 4 | 解説 |

英語の発音をカナで表記するには，いろいろな工夫がされてきました。西村（1995）はl/rを書き分けるために /l/ には半濁音を付けたカタカナ表記でロ°ンドン London とすることや，語尾の /l/ は people ならピープォル°と表記・発音することを勧めています。

池谷（2004）はカタカナの持つ音から一番近いものを選び，英語の音声に当てはめた場合のカタカナ表記を試みています。例えば animal であればローマ字の発想から「アニマル」とカタカナ語では書きますが，聞こえる通りに「ェアネモウ」と表記・発音するよう促しています。

ローマ字学習が正しい発音の妨げになるとする考え方もありますが，ひらがなやカタカナが持つ2つの音素をローマ字が分解してくれるというメリットもあります。例えば「か」が /k/ と /a/ の2つの音素から成るということは，ローマ字学習によって初めて気が付くでしょう。

ローマ字に限らず国語教育との関連による影響は内閣告示（1991）の「外来語の表記」にも表れています。そこでは語形に揺れのあるもの（「グローブ」と「グラブ」など）や慣用が定まっているもの（「トゥー（数字の2）」に対する「ツー」など）が原音に近い方に統一されなかったこと，比較的国語化の程度が低いとされる第2表に英語の音素でよく使用される「ヴァ」や「トゥ」があり，これらを第1表の「バ」や「ツ／ト」でもよいとしたことも，カタカナ語と英語の発音が大きく違ってしまった原因です。もちろん，この措置は国語を大切にするためには必要な措置ですし，英語や特定の言語の発音だけに寛容であるのはまた別の問題を生じさせることになるので非難されることではありません。

いずれにしてもカタカナ語を使用する際には，以下の表のどこに分類されるかを確認してから発音に注意させましょう。

表1　カタカナ語の注意項目

注意項目	例
母音挿入	bag */bægu/ → /bæg/, spray */supurei/ → /sprei/
日本語にない音	bath */bas(u)/ → /baθ/, diver */daiba:/ → /daivər/
アクセントの位置	stress */sutóres(u)/ → /strés/

Ⅱ-1．導入のための実践例
【実践例4】
オーラル・イントロダクションでの単語の導入

対象……………　小学校　中学校　高校　大学
目的……………新語を導入して，意味を理解させ，発音できるようにする
キーワード……オーラル・イントロダクション　具象語　抽象語
準備時間………30分程度　　活動時間………15分

❋ 教師の悩み ❋

高校の新学習指導要領は，英語の授業は英語で行うことを基本とすると述べています。今まで文法訳読式の授業をしてきたのでとても戸惑っています。絵や実物を使えるならば，英語で単語を導入できると思いますが，それらに適さない他の単語はどうしたらよいか分かりません。英語を使った授業が，少しだけでもできたらよいと思うのですが…。

❋ ここで一工夫 ❋

教科書の内容を英語で説明しながら，新出語も導入していくオーラル・イントロダクションを行ってはどうでしょうか。教科書の内容を易しい英語で説明していきます。そのときに，新出語も絵を使ったり，例を示したり，日本語訳を言ったり，さまざまな方法で導入していくのです。これならば教科書を活かして，無理なく英語で授業ができます。

※ 指導の準備・授業展開 ※

Step 1 / Step 2 / Step 3 / 解説

■準備

　教科書の次の文章をオーラル・イントロダクションで導入する授業を考えてみましょう。

　Let me tell you about a guy I know. He is always wearing a pink bow tie. It looks like a great pink butterfly attacking his neck. It is the silliest bow tie I have ever seen. The guy is Old Splodge, the Principal of my school.

　The other day I was sitting outside Old Splodge's office, waiting for him to call me in. Old Splodge's secretary was typing some letters. It's always a pleasure to see her. Her name is Becky Newham and she is really beautiful. Every boy in the school is in love with her. Unfortunately, she is seventeen and I'm only fourteen. Still, she didn't have a boyfriend at that time. So there was always a chance. She looked at me and smiled. I felt my face going red.

　Old Splodge called me in. I went and sat down.

　"Well, why have you dyed your hair?" said Old Splodge.

　"I did not dye my hair, sir." I said.

　"Yesterday," said Splodge, "I noticed that you had black hair. Am I correct?"

　"Yes, sir," I answered.

　"Then tell me," he said, "Why is it that your hair is white today?"

　"It's a long story," I told him.

(*Genius I*, Lesson 6)

この文章で，新出語として欄外に挙げられている語は，固有名詞を除くと次の9語です。

bow tie　　guy　　attack　　silly　　principal　　secretary
unfortunately　　dye　　correct

このうち本文のオーラル・イントロダクションでどのように意味を説明するかを決めます。unfortunately と correct は，教科書を読ませるときに扱うこととします。

絵・写真・実物：bow tie, dye
同意語：guy
動作：attack
例：principal
訳：secretary, silly

これらの語を導入するのに必要なものを準備します。

■準備するもの
イラスト：教科書のイラストの拡大コピー。教師が黒板に貼付したときに，生徒全員が見えるくらいの大きさで用意する。ここでは，主人公の少年（Tom という名前にしておく），Splodge（校長先生），Becky（Tom が憧れている Splodge 校長先生の秘書）の3人と学校のイラスト。

単語カード：新出語すべてを生徒全員が見えるくらいの大きさで書く。A3判を横長で半分にしたくらいの用紙がよい。
表には，英語，裏には日本語訳を書く。

| principal | 校長先生 |

| Step 1 | **Step 2** | Step 3 | 解説 |

■オーラル・イントロダクション

Teacher：（主人公の少年のイラストを見せて）Do you know this *guy*?（言い換える）Do you know this man?（イラストを黒板に貼る）This *guy* is Tom. He is 14 years old.

　　Do you know this *guy*?（2秒ほど間を置いて）What is his name?（生徒を指名する）

Student₁：He is Tom.

Teacher：Yes, this *guy* is Tom. How old is he?（生徒を指名する）

Student₂：He is 14 years old.

Teacher：Yes, he is 14 years old. This man is Tom. This *guy* is Tom. Now repeat, *guy*.

Class：*Guy*.

Teacher：（何人かを指名して言わせる。guy の単語カードを黒板に貼る。カードを指しながら）Repeat again, *guy*.

Class：*Guy*.

Teacher：（学校のイラストを黒板に貼る）Tom goes to this school.（Splodge のイラストを黒板に貼る）

　This is Splodge. He is a teacher of this school. He is the head teacher of this school.

　He is the *principal* of the school. Mr. Suzuki（自分が勤務する学校の校長先生の名前）is the *principal* of our school. Is Mr. Uchida（自分が勤務する学校の教頭先生の名前）the *principal* of our school? No, he isn't. Mr. Suzuki is the *principal* of our school. What does *principal* mean? Tell your partner the meaning of principal.（ペアで意味を言わせる）What does *principal* mean?（生徒を指名する）

Student₃：校長先生

Teacher：Yes, *principal* means 校長先生．Now repeat, *principal*.

Class：*Principal*.

Teacher：（何人かを指名して言わせる。principal の単語カードを黒板に貼り）Now repeat again, *principal*.

Class：*Principal*.

Teacher：（Splodge のイラストを指して）Splodge is wearing a big tie. It is a special tie. It is called a *bow tie*.（自分のネクタイを指して）Am I wearing a *bow tie*? No, I'm not. I'm wearing an ordinary tie. Splodge is wearing a *bow tie*. Now repeat, *bow tie*.

Class：*Bow tie*.

Teacher：（何人かを指名して言わせる。bow tie の単語カードを黒板に貼り）Now repeat again, *bow tie*.

Class：*Bow tie*.

Teacher：Do you think this big pink bow tie is *silly*?（silly の単語カードの表を見せ，次に裏の訳「ばかげた，変な」を見せる）Tom thinks the bow tie is *silly*. Do you agree? Yes, I agree. This big pink *bow tie* is *silly*. Now repeat, everyone, *silly*.

Class：*Silly*.

Teacher：（何人かを指名して言わせる。attack の単語カードを見せて）You know this word.（何かを攻撃する動作をする）Do you think the pink *bow tie* is *attacking* Splodge? Do you think the pink bow is *attacking* the neck of Splodge? Tom thinks it is *attacking* Splodge's neck. Now repeat, *attack*.

Class：*Attack*.

Teacher：（Becky のイラストを黒板に貼る）Splodge has a *secretary*. Her name is Becky. Does Mr. Suzuki have a *secretary*? No, he doesn't. He doesn't have a *secretary*. But Splodge has a *secretary*, Becky. She works for Splodge. For example, she types a letter for him. What does *secretary* mean? Tell your partner the meaning of *secretary*. (ペアで意味を言わせる) What does *secretary* mean? (生徒を指名する)

Student $_4$：秘書

Teacher：Yes, *secretary* means 秘書. Now repeat, *secretary*.

Class：*Secretary*.

Teacher：(何人かを指名して言わせる。secretary の単語カードを黒板に貼り) Now repeat again, *secretary*.

Class：*Secretary*.

Teacher：Becky is 17 years old and she is Splodge's *secretary*. (Tom のイラストを指差して) Now Tom is in the *principal*'s office. Splodge says Tom has *dyed* his hair. (自分の髪を指して) Have I *dyed* my hair? No, I haven't *dyed* my hair. What does *dye* mean? Tell your partner the meaning of *dye*. (ペアで意味を言わせる) What does *dye* mean? (生徒を指名する)

Student $_5$：染める。

Teacher：Yes, *dye* means 髪を染める. Now repeat, *dye*.

Class：*Dye*.

Teacher：(何人かを指名して言わせる。その後, dye の単語カードを黒板に貼り, 指で指して) Repeat again, *dye*.

Class：*Dye*.

Teacher：「死ぬ」の die と同じ発音だけど, 綴りと意味が違うから注意が必要だよ。So now Tom is in Splodge's office. He is asked why he has *dyed* his hair. Look at Tom's hair. What color is it? (生徒を指名する)

Student $_6$：It's white.

Teacher：Yes, it's white. Do you think Tom has *dyed* his hair? OK, let's read the textbook and try to find the truth.

| Step 1 | Step 2 | **Step 3** | 解説 |

■オーラル・イントロダクションで導入した後の確認

"OK, before you start reading the textbook, let's check the new words." と言って始めます。単語カードの訳「男，やつ」を見せて，"Can you say this word in English? Yes, guy. Let's say it together, guy." と言って，全員で繰り返させます。別の単語カードの訳を見せて，"How about this one?" と言い，同様に残りのカードも訳から英単語が言えるかチェックします。

次に，英語の綴りを見せて，読めるかどうかをチェックします。全部の単語を全員で読む練習をした後，すべての単語を正確に読めるかどうかを確認するために，生徒1人ひとりに1語ずつ読ませます。読めない単語があったら，発音を教えて，全員で繰り返させましょう。

| Step 1 | Step 2 | Step 3 | **解説** |

　オーラル・イントロダクションでは，イラストや実物，動作，言い換え，定義，訳などさまざまな方法で新語を導入していくことができます。読ませるテキストの内容に関係する語を選んで導入する点が特徴です。unfortunately や correct のように内容にそれほど関わりのない語は，別の方法で導入することになります。この実践例は，英語を苦手とする生徒が多い場合，実施が難しいかもしれません。そのような場合は，訳で新出語を先に導入してからオーラル・イントロダクションを行うのがよいかもしれません。それを次に紹介します。

II-1. 導入のための実践例
【実践例5】
訳で導入して，オーラル・イントロダクションで定着

対象	小学校	**中学校**	高校	大学

目的……………単語の意味を確実に導入し，リスニング，リーディングで使用し，定着させる

キーワード……訳語　オーラル・イントロダクション　インプット

準備時間………30分程度　　　活動時間……15分

※ 教師の悩み ※

オーラル・イントロダクションで英語で新出語を導入しても，生徒は単語の意味を理解しているのか不安です。生徒が確実に新出語の意味を理解して，身につけることができる指導方法はないでしょうか。

※ ここで一工夫 ※

オーラル・イントロダクションで単語を導入すると，英語のインプットを大量に与えることになり，英語の習得を促進すると考えられます。しかし，生徒の習熟度とインプットのレベルが合っていないと，インプットが理解可能なインプット (comprehensible input) にならず，習得が進むことは期待できません。新出語の多くをまず訳語で導入して，練習した後に，オーラル・イントロダクションの形式でインプットを与える方法を考えてみましょう。

指導の準備・授業展開

Step 1 / Step 2 / Step 3 / 解説

■訳語による導入

　実践例4で扱った *Genius I*, Lesson 6の新出語を訳語で先に導入する方法を考えてみます。次のような新出語と訳語のプリントを配ります。

bow tie	名	蝶ネクタイ　ボウタイ
guy	名	男　やつ
attack	動	攻撃する
silly	形	おかしな　ばかな　変な
principal	名	校長
secretary	名	秘書
unfortunately	副	残念ながら　不幸なことに
dye	動	染める
correct	形	正しい

　以上の手順で訳語を使った導入を行います。

(1)　「蝶ネクタイ　ボウタイ」は bow tie と発音すると教え，bow tie をリピートさせる。同様に，すべての語の意味と発音を教える。
(2)　訳語のキューに対して，生徒だけで単語を発音させる。
(3)　生徒を指名して，単語が正しく発音できるかを確認する。正しく発音できない語は，全員でリピートさせる。
(4)　各自で発音と意味を結びつけて覚えるように，2分ほど時間を与えて練習させる。この間，机間巡視し，発音が分からない生徒に教える。
(5)　ペアで1人に英語を言わせ，もう1人が訳語を言う活動を1分間行う。役割を交替して，さらに1分間行う。
(6)　数名を指名して，単語を覚えているかを確認する。

| Step 1 | Step 2 | Step 3 | 解説 |

■オーラル・イントロダクションによる定着

Teacher：（学校のイラストを黒板に貼り）This is Forest High School（仮名）.（少年のイラストを黒板に貼り）This *guy* is Tom（仮名）. Tom is a student of Forest High School.（Tom のイラストを指して）What is the name of this *guy*?（生徒を指名して，答えさせる）

Student₁：He is Tom.

Teacher：Yes, this *guy* is Tom.（Splodge のイラストを黒板に貼り）This is Splodge. He is the *principal* of Forest High School. Who is the *principal* of our school?（生徒を指名して，答えさせる）

Student₂：Mr. Suzuki is the *principal* of our school.

Teacher：Yes, Mr. Suzuki is the *principal* of our school. The *principal* of Forest High School is Splodge. Look, Splodge is wearing something pink around his neck? What is he wearing?（生徒を指名して，答えさせる）

Student₃：*Bow tie*.

Teacher：Yes, he is wearing a *bow tie*. Do you think this *bow tie* is *silly*?（生徒を指名して，答えさせる）

Student₄：I think it's *silly*.

Teacher：Ok, A-kun, you think it's *silly*. How about you, B-san?

Student₅：I don't think it's *silly*.

Teacher：OK, you don't think it's *silly*. Tom thinks this *bow tie* is the silliest.

（Becky のイラストを黒板に貼り）This is Becky. She is a *secretary* of Splodge. What does *secretary* mean?（生徒を指名して，答えさせる）

Student₆：秘書。

Teacher：Yes, *secretary* means 秘書. Do you think Becky is pretty?（生徒を指名して，答えさせる）

Student₇：I don't know.

Student₈：I think she is pretty.

Student ₉ : I don't think she is pretty.

Teacher : I see, some of you think she is pretty and others do not. Tom thinks Becky is beautiful and every boy in Forest High School loves her.

（Tom と Splodge のイラストを指して）Now Tom is in Splodge's office. Splodge has called Tom to his office. Why do you think Splodge called Tom to his office? Exchange your opinion with your partner. （生徒を指名して，答えさせる）

（答えが出ない場合）Look at Tom's hair. What color is it?（生徒を指名して，答えさせる）

Student ₁₀ : It's white.

Teacher : Yes, it is white. So Splodge thinks Tom has *dyed* his hair. But Tom says he hasn't *dyed* his hair. So what happened? Now let's read the textbook.

/ Step 1 / Step 2 / **Step 3** / 解説 \

■読解後の英問英答による定着

　生徒が教科書の該当箇所を読み終わった後，読解ができているかを確認するために，以下のような英問英答を行います。質問は，答えをつなげていくと教科書の内容の要約になるように工夫します。

Who is the principal of the school?（Splodge）

What is Splodge always wearing around his neck?（A pink bow tie）

What does Tom think of the pink bow tie?（It is the silliest bow tie he has ever seen.）

Splodge has a secretary. What is her name?（Becky Newhan）

What does Tom think of Becky?（He thinks she is really beautiful.）

Becky looked at Tom and smiled. What happened to him?（His face went red.）

Tom went into Splodge's office. What did Splodge ask Tom?（Why did

he dye his hair?)
What did Tom answer to the question? (He did not dye his hair.)
What color is Tom's hair now? (It is white.)
What color was Tom's hair the day before? (It was black.)

　ここでの質問はWho is the principal of the school? のように，すべてWh疑問文ですが，指名した生徒が答えられない場合は，Is it Splodge or Tom? のように，答えを選択できるような疑問文に変えるとよいでしょう。

| Step 1 | Step 2 | Step 3 | 解説 |

　単語の意味を訳で確実に導入し，学習させた後，オーラル・イントロダクションとリーディングという2つの形式による言語使用により定着を図ります。訳語で意味を導入してあるので，2つの言語活動がよりスムーズに展開でき，さらに，単語の定着が期待できます。

1．導入のための実践例

Ⅱ-1. 導入のための実践例
【実践例6】
リーディング教材における語注の活用

対象	小学校	中学校	高校	大学

目的……………語注を活用して読解活動を充実させる
キーワード……語注　選択肢　語義
準備時間………20分　　　　活動時間………10分
準備するもの…語注のプリント

※ 教師の悩み ※

　中学校や高校の教科書には，リーディングに特化した教材が含まれています。平易な英文で書かれていますが，新出語も少なくありません。そのため，生徒は辞書で単語を調べながら読むことになり，読みの活動が中断してしまいます。生徒を読む活動に専念させ，読む楽しさを実感させるためには，語彙をどのように導入したらよいでしょうか。

※ ここで一工夫 ※

　教科書のリーディング用教材の場合には，生徒は知らない単語があると不安に感じ，辞書を引きたくなるものです。また，特に重要な新出語は，きちんと指導しておきたいところです。

　ほとんどの教科書は，脚注や傍注を付けて，特に難しい単語の意味を与えています。しかし，脚注がどの単語の語注なのかが分かりにくい場合や，新出語の意味には語注が付いていない場合があります。

　語注を日本語で与えると，単語があまり記憶に残らないこともあります。本来の読解の活動を優先しながら，単語が少しでも自然に覚えられるような語注の与え方を工夫してみましょう。

指導の準備・授業展開

Prep / Step 1 / Step 2 / 解説

以下は，*Genius English Readings* の Supplementary Reading の教材です。脚注が付いていますが，新出語も少なくありません。また，テキストと脚注が離れているため，脚注の付いた語句がテキストのどこにあるのかが，分かりにくくなっています。

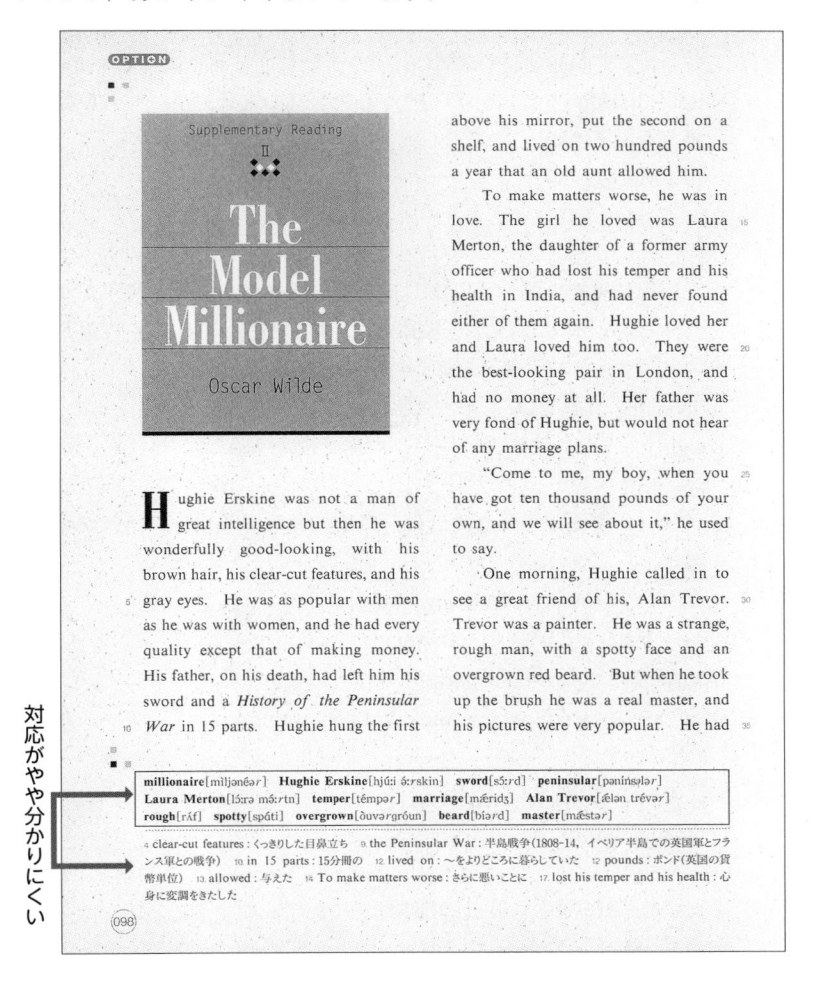

OPTION

Supplementary Reading II

The Model Millionaire

Oscar Wilde

Hughie Erskine was not a man of great intelligence but then he was wonderfully good-looking, with his brown hair, his clear-cut features, and his gray eyes. He was as popular with men as he was with women, and he had every quality except that of making money. His father, on his death, had left him his sword and a *History of the Peninsular War* in 15 parts. Hughie hung the first above his mirror, put the second on a shelf, and lived on two hundred pounds a year that an old aunt allowed him.

To make matters worse, he was in love. The girl he loved was Laura Merton, the daughter of a former army officer who had lost his temper and his health in India, and had never found either of them again. Hughie loved her and Laura loved him too. They were the best-looking pair in London, and had no money at all. Her father was very fond of Hughie, but would not hear of any marriage plans.

"Come to me, my boy, when you have got ten thousand pounds of your own, and we will see about it," he used to say.

One morning, Hughie called in to see a great friend of his, Alan Trevor. Trevor was a painter. He was a strange, rough man, with a spotty face and an overgrown red beard. But when he took up the brush he was a real master, and his pictures were very popular. He had

---

millionaire[mìljənéər]　**Hughie Erskine**[hjúːi ə́ːrskin]　**sword**[sɔ́ːrd]　**peninsular**[pənínsələr]
Laura Merton[lɔ́ːrə mə́ːrtn]　**temper**[témpər]　**marriage**[mǽridʒ]　**Alan Trevor**[ǽlən trévər]
rough[rʌ́f]　**spotty**[spάti]　**overgrown**[òuvərgróun]　**beard**[bíərd]　**master**[mǽstər]

4 clear-cut features：くっきりした目鼻立ち　9 the Peninsular War：半島戦争(1808-14，イベリア半島での英国軍とフランス軍との戦争)　10 in 15 parts：15分冊の　12 lived on：〜をよりどころに暮らしていた　12 pounds：ポンド(英国の貨幣単位)　13 allowed：与えた　14 To make matters worse：さらに悪いことに　17 lost his temper and his health：心身に変調をきたした

(098)

対応がやや分かりにくい

1．導入のための実践例　47

新出語に対してどのように注を付けるかを検討しましょう。単語の意味を与えるよりも，意味を考えさせた方が，処理水準が高くなり，単語が記憶に残りやすくなると言われています。しかし，活動の本来の目的は，単語を覚えることではなくて，読みを楽しませることです。英語や選択式で注を付ける単語の数は，テキストの難易度を考慮して，読解活動を大きく中断しない程度にしましょう。

■語注のバリエーション

(1) 発音しにくい固有名詞や地名は，カタカナにして簡単に紹介する。
　　Hughie Erskine：ヒューイ・アースキン（主人公。ハンサムな好青年だが現在無職）
　　Laura Merton：ローラ・マートン（主人公のガールフレンド）
　　Alan Trevor：アラン・トレバー（主人公の友人で画家）

(2) 内容理解に重要な語や繰り返し使われる語には，選択式で手がかりを与える。正解でない方の選択肢は，できるだけ意味がかけ離れたものにして，迷わず選べるように配慮する。
　　millionaire　（a）億万長者　　（b）貧しい人
　　rough　　　（a）注意深い　　（b）荒々しい

(3) 簡単に言い換えが可能な場合は，英語で語注を与える。語義が難しい場合は日本語の語注にする。
　　marriage = the state of being married
　　spotty = having a lot of spots on the skin
　　overgrown = grown too large
　　master = someone who is skilled at something

(4) 脚注の説明で代用する。
　　peninsula, temper

(5) 言葉での説明が難しい語は，日本語訳や絵で説明する。
　　sword：剣，刀　　beard：あごひげ

| Prep | **Step 1** | Step 2 | 解説 |

語注を付ける単語と傍注の説明をワープロに打ちます。この際，教科書の本文テキストのちょうど左右に傍注がくるように，プリントの縦の長さと単語の位置を調整します。

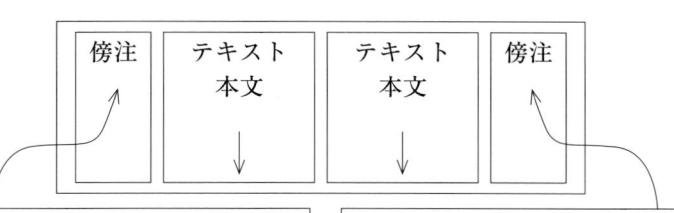

```
┌──────┐ ┌──────┐ ┌──────┐ ┌──────┐
│ 傍注 │ │テキスト│ │テキスト│ │ 傍注 │
│      │ │ 本文 │ │ 本文 │ │      │
│  ↑   │ │  ↓   │ │  ↓   │ │  ↑   │
└──────┘ └──────┘ └──────┘ └──────┘
```

millionaire （a）億万長者　（b）貧しい人 Hughie Erskine　ヒューイ・アースキン（主人公。ハンサムな好青年だが現在無職） sword　剣，刀 clear-cut features　くっきりした目鼻立ち the Peninsular War　半島戦争（1808-14, イベリア半島での英国軍とフランス軍との戦争） in 15 parts　15分冊の	lived on　〜をよりどころに暮らしていた pounds　ポンド（英国の貨幣単位） allowed　与えた to make matters worse　さらに悪いことに Laura Merton　ローラ・マートン（主人公のガールフレンド） lost his temper and his health　心身に変調をきたした marriage = the state of being married Alan Trevor　アラン・トレバー（主人公の友人で画家） rough　（a）注意深い　（b）荒々しい spotty = having a lot of spots on the skin overgrown = grown too large beard　あごひげ master = someone who is skilled at something

1．導入のための実践例

| Prep | Step 1 | **Step 2** | 解説 |

■授業でのプリントの扱い方
1. 語注のプリントを渡して，語注を参照し，選択式語注の正しい答えを選ばせながら，テキストを黙読させます。読み終わったら，内容理解問題に解答させます。
2. 解答終了後，選択式語注と内容理解問題について解説します。
3. 最後に，選択式語注や英語の語注を与えた単語を中心に，新出語の発音練習と意味を復習させます。

※ バリエーション ※
■教科書に傍注のあるレイアウトの場合

語注のプリント

Crown
Reading 1
The Star

amazing[əméiziŋ]
psychic [sáikik]
Erin[érin]
directness [dəréktnəs]
mention [ménʃən]
paranormal [pærənɔ́ːrml]
ability [əbíləti]
somehow [sʌ́mhàu]
Glenhaven [glènhéivn]
★グレンヘイヴン（架空の町の名）
hiking[háikiŋ] < hike

There's a new girl at school today and she is coming toward me. She has pale skin and her eyes are amazing — so light, with a hint of green. I can't look away.
 She comes up to me. "You're a psychic, aren't you?"
 "Who are you?"
 "My name's Erin, but I don't have time to talk. I need your help."
 I can't believe her directness. Most people never mention my paranormal ability. Somehow I find myself interested. Perhaps it is her strange, sad eyes.
 "What do you want me to do?"
 "Find my brother."
 This is getting strange. "What are you talking about?"
 "He's lost in the forest west of Glenhaven."
 I remember hearing about a family that went hiking near Glenhaven. Three children

amazing
 (a) surprising
 (b) not surprising
psychic 精神科医
Erin エーリン（主人公の名前）
directness 率直さ
mention
 (a) to talk about ～
 (b) to keep ～ secret
paranormal ability
 科学的に説明のつかない能力
somehow = in a way
Glenhaven グレンヘイヴン（架空の町の名前）
hiking < hike

今回は，選択式語注は易しい英語で語義を提示します。また，抽象的な語には日本語訳を与えます。この例では，傍注が左側に出ていますから，教科書の右側において，行の位置が合うように調整します。

(1) 発音しにくい人名は，カタカナで示す。
　　Erin　エーリン（主人公の名前）
(2) 内容理解に必要な語は選択式語注で与える。
　　amazing　　(a) surprising
　　　　　　　 (b) not surprising
　　mention　　(a) to talk about ～
　　　　　　　 (b) to keep ～ secret
(3) 英語または日本語の語注で与える。
　　directness　率直さ　　　psychic　精神科医
　　paranormal ability　科学的に説明のつかない能力
　　somehow = in a way
(4) 傍注の説明で代用する。
　　Glenhaven　グレンヘイヴン（架空の町の名前）　　hiking < hike

| Prep | Step 1 | Step 2 | 解説 |

　リーディングの研究では，日本語で語注を与えるよりも，選択式語注や英語の語注を与えた方が，単語の処理水準が高まり，結果的に単語の意味がより記憶が残るという報告があります（吉井，2009；Mitarai & Aizawa, 1999など）。特に本文で繰り返し使われている語や，内容理解に必要な語に選択式語注を与えて意味を推測させると，処理が深まって，意味の定着に効果が期待できます。

　しかし，読解と語彙学習はトレードオフの関係にあり，語彙学習を重視しすぎると，内容理解がおろそかになります。本来の活動の目的は読解であり，語彙の学習は偶発的なものです。どの語に選択式語注を付けるか，語注は日本語にするか英語にするかを決める際は，生徒のレベルや教材の難易度を十分考慮したいものです。

Ⅱ-1．導入のための実践例
【実践例7】

抽象語の導入

対象……………　小学校　中学校　高校　大学
目的……………抽象語の概念を理解させる
キーワード……抽象語　品詞の変換　派生語
準備時間………10分　　　　活動時間………10分

❀ 教師の悩み ❀

　抽象語の概念をつかむことは上級学習者にとっても難しいものです。新出語が抽象語の場合に，生徒はその英単語の日本語訳を記憶するだけで，実際にその英単語が持つ概念をつかもうとしないことが多いようです。そのために，英文を読んでも意味がはっきりとは分かっていないように思います。どのように抽象語を導入すれば効果的でしょうか。

❀ ここで一工夫 ❀

　抽象語が表す概念に含まれる具体的なものを生徒に複数個思い浮かばせることで，その概念を具体的にイメージさせます。すぐに思い浮かばない場合は，その抽象語の形容詞形や動詞形があるかどうかを確認し，あればそれを提示することで，その形容詞や動詞が実際に使われそうな場面を想像させてみましょう。それにより抽象語が表す概念を感じさせましょう。また，すでに学習している抽象語からの類推ができるかもしれません。

※ 指導の準備・授業展開 ※

Step 1 / Step 2 / 解説

> Many non-Japanese said that language barriers had increased their <u>difficulties</u>. At the Center for Information on the Earthquake for Non-Japanese, 51% of questions had been received in languages other than Japanese or English. "<u>Internationalization</u>" in Japan had been associated with English. When the earthquake occurred, however, many foreigners who needed help could understand neither English nor Japanese. Even in an international city like Kobe, non-Japanese couldn't get enough help. (*Genius I*, Lesson 5)

　下線で示す difficulties と internationalization は新出語で抽象語です。
　まず difficulties から考えてみます。この段落には固有名詞として information という既出の抽象語が使われています。生徒に「情報とは何か」と質問します。なかなかうまくは説明できないでしょう。次は「どんなものが情報か」と質問します。今度はいろいろな答えが返ってくるでしょう。「オリンピックで○○選手が銀メダルを取ったこと」、「電車の時刻表が３月から変わること」、「今日だけ食堂は３割引き」、「野球部は地区大会の優勝候補らしいこと」などいろいろでしょう。そのような何かについて知っていることの全体が「情報」であることを示します。
　次に difficulties は difficulty の複数形であることを示し、英和辞書を引かせ、教科書の文脈に合う語義を見つけさせます。この抽象語の意味を「難局、苦境」と覚えても、もう一つはっきりとしないでしょう。この教科書では阪神淡路大震災の後の状況について述べています。「地震が起こった後で何が大変だと思うか」と質問してみましょう。「飲み水がなくて大変だ」、「電気がつかないから不便になる」、「ガスがないと料理ができない」、「もし自分が外国人で言葉が通じなかったらパニックになりそう」などといろいろな答えが集まるでしょう。そのような答えの全体の表すものが「難局、苦境」であると説明することで、この英単語

の概念を感じさせます。

　別の方法としては，ここで difficulty は difficult の名詞形であることを最初に示し，どういうときに difficult だと感じるかを質問することで，具体的な状況を考えさせます。そして生徒の回答を聞き，そのようなもの全体が difficulty になると教えてもいいでしょう。その後，今回の文脈での意味を考えます。

　また，すでに学習している抽象語からの類推ができるかもしれません。difficult の反意語として easy があります。すでに ease を習っていれば，easy-ease の対比として difficult-difficulty を示して，語義を考えさせてもいいでしょう。

| Step 1 | **Step 2** | 解説 |

　今度は internationalization です。この英単語は international と関係することを示します。international は "Even in an international city like Kobe" と文中に出ています。「国際的な都市とはどんな都市か」と質問してみましょう。「国際的な」という意味が漠然と感じられて，回答がないかもしれません。そういうときは，「神戸はどんな街か」と尋ねましょう。住んだことや行ったことがなくても，「神戸」のイメージから回答があるでしょう。「いろいろな国の人がいて，いろいろな国の物がある」という発言を引き出します。そのような状態にするときに語尾に -ize を付けて，internationalize という英単語を使い，その名詞形が internationalization であることを示して，この抽象語の語義を感じさせましょう。

※ バリエーション ※
(1) 日本語でも概念が浮かびそうにない英語の抽象語を導入するには，その抽象語が使われている具体的なケースを探し，それを提示して生徒に考えさせて，その抽象語の一端をつかませたいものです。
　　例えば，identity という抽象語の場合には，ID または ID card

という単語を生徒に示します。そして，その意味が「ほかの人ではなく，自分であることを証明するもの」であることを確認させ，ID は identity の略語であることを示し，この抽象語の一端を感じさせます。

(2) 接辞の付加によって抽象語が作られる場合に触れ，元の単語を検討することで，抽象語の意味を推測できるようにします。

○形容詞に接辞を付加すれば，「（形容詞が示す内容）的なこと」を意味します。例えば，kind に -ness を付加して，「親切な態度，思いやり」を意味します。［ほかの例］happy-happiness, original-originality, complex-complexity, free-freedom, wise-wisdom

○動詞に接辞を付加すれば，「（動詞が示す内容）を行うこと」を意味します。例えば，improve に -ment を付加して，「改良すること，進歩」を意味します。［ほかの例］replace-replacement, produce-production, imagine-imagination, collect-collection

○名詞に接辞を付加すれば，「（名詞が示す内容）であること」を意味します。例えば，member に -ship を付加して，「会員であること」を意味します。［ほかの例］owner-ownership, child-childhood

---

Step 1　　Step 2　　**解説**

　抽象語が持つ概念を，いかに具体的なことで感じさせるかがポイントになります。今回取り上げた英単語とは異なり，接辞の付加で作られたわけではない抽象語もたくさんあります。honor, quality, chance, humor, idea, reason などを挙げることができます。これらの英単語の導入では，生徒への質問の仕方を工夫したいものです。「名誉とは何か」というような質問はしない方がいいでしょう。「名誉」の類義語をまず考えて，「どういうときに尊敬されると思うか」，「何についてほめられたいか」，「ほかの人にどういう場面でたたえてもらいたいか」などの尋ね方はどうでしょうか。具体的な場面や物が浮かぶような質問の仕方を考え，そこから抽象語の概念を生徒につかませましょう。

1．導入のための実践例

Ⅱ-2. 定着のための実践例
【実践例8】
5分でできる教師主導の復習活動

| 対象 | 小学校 | 中学校 | 高校 | 大学 |

目的…………前時までに学習した単語の意味，発音，綴りを定着させる
キーワード……反復学習　教師主導の活動　受容・発表語彙
準備時間………10分程度　　活動時間………5分

※ 教師の悩み ※

　語彙知識を定着させるためには，反復学習が大切です。しかし授業では時間が限られているため，導入した後の単語学習は生徒まかせになっています。フラッシュカードやプリント以外に，短時間で単語の復習をさせるような活動はないでしょうか。

※ ここで一工夫 ※

　授業開始の5分間を，単語の復習活動にあててみてはどうでしょうか。継続させるコツは，①準備に手間がかからないこと，②生徒が楽しく取り組める活動であること，の2点です。

※ 指導の準備・授業展開 ※

　以下は手間がかからず，いつでも簡単にできる復習活動の例です。受容語彙にしたいのなら，主に意味を確認する活動を，発表語彙にしたいのなら，生徒自ら話したり書いたりする活動をさせるようにするとよいでしょう。ここでは教師主導の活動を取り上げます。学習する単語の性質に応じて適宜組み合わせたり，改編したりして実施してください。

| Case 1 | Case 2 | Case 3 | 解説 |

■ぶつ切りディクテーション

　既習語の発音と綴りを定着させる活動です。教師がCDもしくは自らの音読を止めた直前の単語を書き取らせます。

[準備]
　前時に学習した教科書の部分から，書き取らせる単語を決めておきます。CDを使う場合は，その単語がきちんと読み上げられているか確認しておきます。

[手順]
1．生徒に解答用紙（B5やA4用紙を半分に切ったもの）を配ります。
2．教師が教科書本文を読み上げるか，CDの音声を流して，止めた直前の単語を書き取らせます。
3．ペアで解答を交換させ，教師が示す正答をもとに採点させます。
4．もう一度問題文を聞かせ，答えを確認させてから用紙を回収します。

※ バリエーション ※
　もし生徒が本文を暗記できるくらい音読活動を行っていたら，以下のようにレベルを上げた活動もできます。

1．書かせたい英単語のところだけ，日本語訳を言って英語に直させます。以下はその例です（*Genius I*, Lesson 3）。

　　Finda's father knows the road is（危険である）and he is afraid for her（安全）. He also knows his（奥さん）disapproves.

[解答] 順に，dangerous, safety, wife

2．教師が書き取らせたい単語を読み上げる代わりに，その単語が出てくる箇所で「パン」と手を打って（またはダダダ…と口頭で言うなどして），音声なしで前後関係からその単語を書かせます。

| Case 1 | **Case 2** | Case 3 | 解説 |

■消えた単語を追え（定義・例文クイズ）
　既習語の意味をさらに定着させる活動です。教師が単語の定義や例文を口頭で伝え，該当する語を書かせます。

[準備]
　前時に学習した単語の中から，英語の定義が分かりやすいもの，分かりやすい例文があるものをいくつか選んでおきます。

[手順]
１．フラッシュカードや単語リストで前時の単語を復習させます。
２．生徒に解答用紙（B5やA4用紙を半分に切ったもの）を配ります。
３．復習した単語の定義や例文を，教師が口頭で読み上げます（例文の場合はその単語を言わずに「パン」と手を打つ，もしくはダダダ…と口頭で言う）。生徒の理解に応じて何度か繰り返してください。生徒は該当する単語を用紙に書きます。
　　（定義の例）This word means how heavy someone is. You measure this on a scale. It goes up when you get fat and goes down when you get thin.（答．weight）
　　（例文の例）Cows（パン）us with milk. It means that they give us milk.（答．provide）
４．ペアで解答を交換させ，採点させてから解答用紙を回収します。

| Case 1 | Case 2 | **Case 3** | 解説 |

■クロスワード・パズル
　Case 2の定義・例文クイズをクロスワード・パズル形式で行います。パズル作成サイトを利用すると簡単に作成できますし，生徒も楽しんで取り組みます。

[準備]
　前時に学習した単語の中から，英語で説明しやすそうなものをいくつ

か選び，それでクロスワード・パズルを作成します。インターネット上の"Discovery Education's Puzzlemaker"というサイトで簡単に自動作成ができます。

1．サイトを開き，パズルの中から Criss-Cross を選択すると，図1のような画面が現れます。

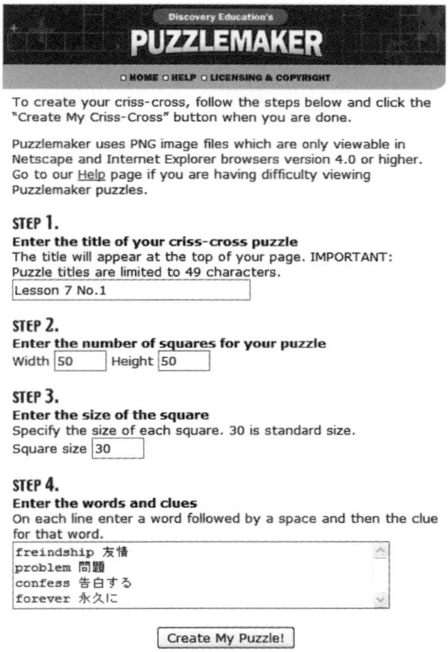

図1　Discovery Education's Puzzlemaker の Criss-Cross 作成画面

2．Step 1 の窓には"Lesson 7 No. 1"などのタイトルを入れます。
3．Step 2 の窓では全体の大きさ，Step 3 の窓では1マスの大きさが調整できます。特に必要がなければ初期設定のまま作成してください。
4．Step 4 で1行ずつ，前時に学習した単語から書かせたい単語とそのヒントを書き入れます。単語とヒントの間はスペースを置きます。ヒントは英語，日本語どちらでも示すことができます。
5．下の Create My Puzzle! のアイコンをクリックすると図2のようなパズルが自動的に作成されます

```
             Lesson 7   No.1
```

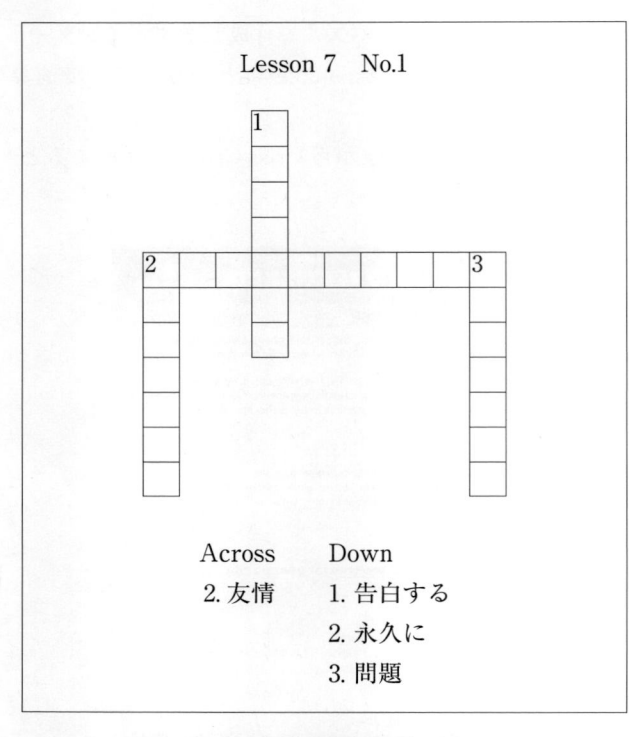

Across　　Down
2. 友情　　1. 告白する
　　　　　2. 永久に
　　　　　3. 問題

図2　作成されたパズル例

[手順]
1．フラッシュカードや単語リストで前時の単語を復習させます。
2．パズルを印刷したものを配布し，決められた時間内でパズルを完成させるよう指示します。
3．ペアで解答を交換させ，採点させてから解答用紙を回収します。

[解答]
Across　2. FRIENDSHIP
Down　1. CONFESS　2. FOREVER　3. PROBLEM

英語で行う場合，ヒントを印刷せずに，教師が口頭で伝えて書かせることもできます（例．"Across, No. 2. A relationship between friends."）。

| Case 1 | Case 2 | Case 3 | **解説** |

　同じ単語に繰り返し異なる文脈で出会うことによって，語彙知識は少しずつ増えていきます。スポーツにおける技術習得と同じように，語彙知識の定着には「繰り返し練習する」ことが欠かせません。しかし学校の英語授業においては，この「繰り返し練習する」という視点が欠けているようです。1つには，教える内容が多すぎること，さらにはこうした反復練習というのは単調で面白みがないことが，その理由と思われます。

　そこで，先生方ご自身の典型的な授業を振り返ってみてもらいたいのです。訳読や文法説明に多くの時間を取られていないでしょうか。自らの説明が授業の大半を占めていませんか。工夫をすれば，日々の授業に5分程度の語彙トレーニングの時間は生み出せるはずです。まずは「反復練習」を習慣化しましょう。さらに，その活動が単調なものにならないよう，上記の実践例をさまざまに工夫，発展させて利用してください。

Ⅱ-2. 定着のための実践例
【実践例9】
5分でできる
ペアワークによる復習活動

| 対象 | 小学校 | 中学校 | 高 校 | 大 学 |

目的……………前時までに学習した単語の意味，発音，綴りを定着させる

キーワード……反復学習　ペアワーク　受容・発表語彙

準備時間………10分程度　　　活動時間………5分

※ 教師の悩み ※

単語の復習活動を教師主導で行うと，生徒に単語を聞かせたり，書かせたりする活動に偏ってしまいます。習った単語を使って，生徒に英語で話させるためのいい方法はないでしょうか。

※ ここで一工夫 ※

教師が生徒の1人に発問し，答えさせるという形式では，その他の生徒は聞き役になり，自ら英語を使って話す機会を多く与えることはできません。そこで，ペアワークをうまく活用しましょう。

※ 指導の準備・授業展開 ※

たとえ短時間であっても，ペアワークなら1人が発話する量が多くなります。また，教師対生徒の場合と違って，周囲からの注目が一身に集まることがないので，間違いを気にせずにリラックスして話せるという利点もあります。ここではペアワークによる発話中心の活動を取り上げました。学習する単語の性質に応じて適宜組み合わせたり，改編したりして実施してください。

| Case 1 | Case 2 | Case 3 | Case 4 | Case 5 |

■単語リスト・バトル

既習語の意味・発音・綴りのつながりを強化する活動です。単語リストを使ってペアで活動させます。

[準備]

前時に学習した単語に，日本語訳を付けたリストを作成しておきます。どちらか一方だけを示し，リストを完成させるのを宿題にしてもよいでしょう。

単語リスト例

雰囲気	atmosphere
それゆえに	therefore

[手順]
1．単語リストを配布し，発音の確認をしてから，英単語の意味と発音を覚えるよう，生徒に1分間練習をさせます。
2．生徒をペアにして，以下どちらか（もしくは両方）の活動を1分間させます。
　A：1人が英単語を読み上げ，もう1人がリストを見ずにその日本語訳を言う（受容語彙知識）。
　B：1人が日本語訳を読み上げ，もう1人がリストを見ずに該当する英単語を言う（発表語彙知識）。
3．終わったら役割を交替して，同じように1分間活動を行います。

正解数の多かった方が勝ちです。中学生であれば，不規則動詞の変化表を使って，1人が原形を言ったら，もう1人が表を見ずに原形，過去形，過去分詞形を言うなどの活動もできます。

| Case 1 | **Case 2** | Case 3 | Case 4 | Case 5 |

■セマンティック・マッピング・バトル

前時に読んだ内容の復習とともに，既習語の意味・発音・綴りを強化する活動です。

[手順]
1．生徒にB5ヨコ半分程度の白紙の用紙を配布し，中央に前の時間で読んだ課のタイトルか，中心となるキーワードを書かせます。
2．1分間時間を与え，キーワードから思い出せる本文中の単語をできるだけ多く書き出させます。
3．生徒をペアにして，書いた単語をお互いに1つずつ読み上げさせます。自分もしくは相手が読み上げた単語は線を引いて消していきます。消した単語はもう読み上げることはできません。
4．どちらかが読み上げる単語がなくなった時点で活動は終了です。最後に単語が残っている方の勝ちです。

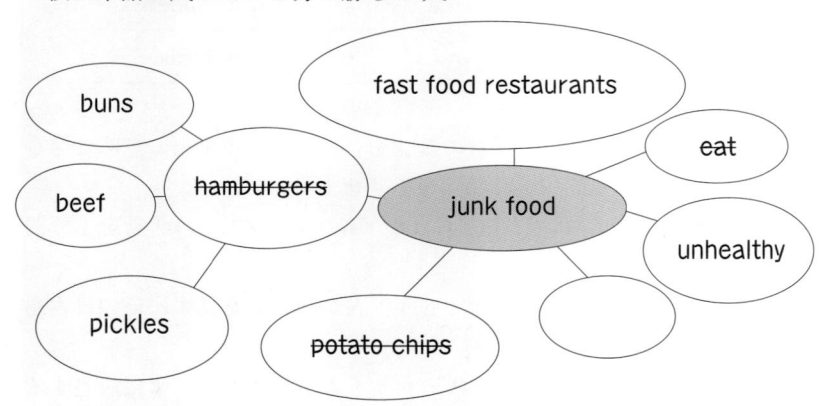

図1　セマンティック・マッピング・バトルのシート例
（自分で読み上げた単語や，相手が読み上げた単語を下線で消していく）

Case 1　Case 2　**Case 3**　Case 4　Case 5

■ストーリー再生（リテリング）

既習語の意味，発音を強化するとともに，スピーキングへの橋渡しとなる活動です。

[準備]

前時に読んだ教科書の部分に対応する挿絵や写真などを拡大コピーしておきます。

［手順］
1．コピーした絵や写真を黒板に貼り，そこから思い浮かぶ本文中の単語を生徒に言わせます。教師はその単語を黒板に書いていきます。
2．単語がある程度の数になったらやめて，生徒をペアにします。
3．黒板上の単語を使って，読んだ話の内容を1分程度，英語で相手に伝えさせます。終わったら役割を交替させます。

絵を使わなくても，まず教科書を生徒に黙読もしくは音読させ，その後教科書を閉じさせてから覚えている単語を言わせることもできます。

| Case 1 | Case 2 | Case 3 | **Case 4** | Case 5 |

■単語言い換えゲーム（パラフレーズ）

単語を英語でパラフレーズさせる活動です。単語の意味を定着させるとともに，単語のネットワーク作り，スピーキング力の向上に効果があります。

［準備］

前時に学習した単語の中から，英語で説明しやすそうなものをいくつか選んでおきます。

［手順］
1．生徒をペアにし，ペアの1人だけが黒板を見て，もう1人は目をつぶるよう指示します。
2．黒板に英単語を1，2語書き，その単語そのものは口に出さずに，英語で相手に説明するよう，黒板を見ている生徒に指示します。ジェスチャーも禁止であることを伝えます。その後，黒板の単語を消します。
3．生徒を全員立たせ，説明を始めさせます。相手が黒板に書いた単語すべてを言えたら，座らせます。
4．役割を交替して，1〜3をもう一度行います。

最初からうまくパラフレーズできる生徒はほとんどいないので，説明する単語に関連するほかの単語をどんどん言わせるように指導しましょう。例えば，soccer をパラフレーズするなら "sport, 11 members, ball, goal" などと言わせる，winter であれば，"spring, summer, autumn, and?..." などと尋ねる，などです。慣れるまでは，なるべく説明しやすい具体語を使うとよいでしょう。形状や色，上位語や下位語などを使わせ，連想ゲームのようにすると，盛り上がります。活動終了後に，早く終わったペアを指名して，どのように説明したか全員の前で発表させたり，教師が例を示したりすると，次第に生徒もコツが分かってきます。

| Case 1 | Case 2 | Case 3 | Case 4 | **Case 5** |

■コミュニカティブ・クロスワード（Nation, 2008）

　クロスワード・パズルを使用して，生徒に英単語をパラフレーズさせる活動です。

[準備]

　前時に学習した単語の中から，英語で説明しやすそうなものをいくつか選び，それでクロスワード・パズルを作成します。【実践例8】で紹介したインターネット上の Discovery Education's Puzzlemaker というサイトをご利用ください。

1. 【実践例8】にあるクロスワード・パズルの説明を参照し，生徒に書かせたい単語でパズルの枠を作成します（もちろん自分で作成しても結構です）。ただし，ヒントは付けません。
2. 作成したパズル枠をコピーし，AとBという2枚のシートにします（次頁参照）。それぞれに半分ずつ答えを書き込みます。

[手順]

1. ペアにそれぞれAとBのシートを配布します。相手に自分のシートを見せないように指示します。
2. 決められた時間内（5分程度）で，相手に自分の答えをパラフレーズして伝えたり，質問したりして，パズルを完成させるよう指示します。答えの単語そのものを言ってはいけません。ジェスチャーも禁止します。

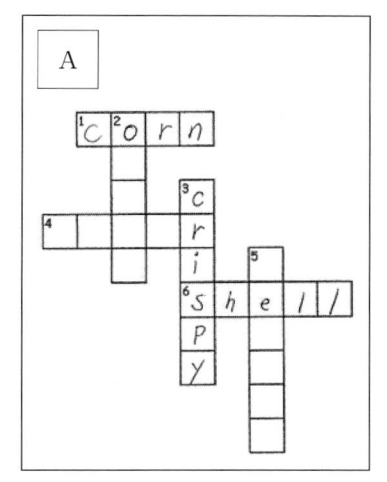

図2　コミュニカティブ・クロスワードの例

※ 解説 ※

　訳読や文法説明中心の授業をしている先生方の中には，ペアワークを導入することを躊躇される人が少なくないようです。確かに，一斉授業は教師による統制が行き届きやすく，知識の効率的な伝達には向いています。

　しかし，一斉授業は生徒が受け身になり，授業が退屈なものになりやすいという欠点があります（靜，2009）。特に問題なのは，授業をこの一斉形式だけで行うと，生徒が英語を使って練習するという時間がほとんど確保できないことです。特別な場合を除いて，日本の中高生には教室外で英語を使用しなければならない機会はほぼありません。教室内で英語を練習させ，使わせるといった活動を導入する必要があるのです。そのために，ペアワークを積極的に利用してください。実施してみると，いかに授業が活気づくかすぐにお分かりになるでしょう。

　ただし問題点は，教師の統制が行き届きにくくなるので，いい加減に行う生徒も出てくるという点です。これを防ぐためには，実施中に教師が机間巡視をして指導すること，活動の結果を発表させたり，提出させたりすることなどが大切です。

Ⅱ-2. 定着のための実践例
【実践例10】

ビンゴ形式による語彙の復習

対象……………　小学校　中学校　高校　大学
目的……………　楽しく単語を反復し，定着させる
キーワード……　ビンゴゲーム　反復学習　語形と音声の一致
準備時間………　10分程度　　　活動時間……5分
準備するもの…　ビンゴシート

※ 教師の悩み ※

　単語が覚えられずに，苦労している生徒が多いと感じています。単語を楽しく覚えさせたいのですが，何かいい方法はないでしょうか。英語の得意・不得意に関係なく生徒が参加でき，楽しみながら学習した単語を反復できる活動があれば，ぜひ実践したいのですが。

※ ここで一工夫 ※

　ビンゴを利用し，ゲーム感覚で，楽しく単語を反復させましょう。ビンゴゲームに参加するために，生徒は単語の音声と語形を一致させなければなりません。テンポ良くゲームに参加するためには，単語の音から形へすばやく変換することが必要となります。また，さまざまなバリエーションを活用することで，単語の語形と意味の結びつきを強める活動にもなります。教師がビンゴに使用する単語を選ぶことで，生徒にあまり定着していないと思われる重要な単語を繰り返し復習させることができます。

指導の準備・授業展開

Prep | Step 1 | Step 2 | Step 3 | 解説

　5×5のビンゴ用のマス目（ビンゴシート）を準備します。マスの左横に，BINGOの文字を縦に1文字ずつ記入し，行の目印にします。マス目の真ん中は"FREE"とします。

B					
I					
N			FREE		
G					
O					

　次に，マス目に入れる単語を準備します。最近授業で導入した単語や，生徒に特に復習させたい単語を40語選びます。長（1997）によると，単語の個数をいろいろと変えてビンゴ活動を行ったところ，40くらいが適切だったそうです。マス目は24しかありませんが，マス目よりも多い単語を候補に挙げることでゲーム性が高まり，活動が盛り上がります。教師から見て，生徒にあまり定着していないと思われる重要な単語を選び，繰り返し復習させましょう。

　復習の間隔は，間隔拡大型が記憶への定着に効果があるとされています。例えば，前時と前々時に導入した単語に加え，2週間前，1ヶ月前，2ヶ月前に導入した単語でビンゴを行います。それら40の単語を8つずつ，B, I, N, G, Oの5群に分けます。生徒に単語間のつながりを意識させるため，できるだけ品詞や意味別に群を分けます。例では，中学校の教科書でよく取り上げられる単語を使って，語群を作っています。

[語群]

B：	body	head	face	eye	nose	mouth	hand	leg
I：	visit	arrive	walk	stay	start	stop	move	hurry
N：	difficult	hard	easy	funny	large	great	hungry	thirsty
G：	always	usually	often	sometimes	never	still	yet	just
O：	gave	ate	kept	drank	forgot	wrote	began	left

既習の文法事項をビンゴに取り入れることもできます。例えば，候補の語群に不規則動詞を集めたり，形容詞の比較級や最上級を集めたりするなどです。例では，Oの語群が不規則動詞の過去形になっています。

■市販のビンゴシートの利用
　教師がビンゴシートを準備する利点は，生徒に学習させたい単語をその都度選択できるという点です。ただし，準備や印刷に時間がかかるという欠点もあります。これに対して，市販のビンゴを利用すると，準備や印刷の時間が削減できます。『Let's enjoy "bingo"』（Word Bingo 研究会，2010）は，中学校の各教科書に準拠しているので，利用しやすいでしょう。また，ワークブック形式になっているので，過去のビンゴが記録として残り，1冊やり終えれば，達成感が得られます。

| Prep | **Step 1** | Step 2 | Step 3 | 解説 |

■生徒による単語の記入
　生徒は，指定された単語をビンゴシートの好きなマス目に1つずつ記入します。このとき，B群の単語はビンゴシートのB欄に記入し，I，N，G，O群の単語についても，それぞれ同じアルファベットの欄に記入します。ただし，同じ単語は1回しか記入できません。この作業は，生徒によってはかなり時間がかかるので宿題とします。

B	nose	hand	face	head	mouth
I	stay	stop	hurry	arrive	walk
N	great	difficult	FREE	funny	large
G	sometimes	just	never	often	always
O	forgot	drank	gave	kept	wrote

| Prep | Step 1 | **Step 2** | Step 3 | 解説 |

■ビンゴゲームの行い方
　生徒は，単語の記入が終わったビンゴシートと色鉛筆を準備します。

教師は，B，I，N，G，O の各群から単語を1つずつ選んで，2回読み上げます。例えば，"B, face, face"，"I, start, start"のように，語群のアルファベット名を最初に言った後，その語群の好きな単語を2回ずつ読み上げます。生徒は，読み上げられた単語がシートにあれば，その単語を○で囲みます。マス目の真ん中"FREE"は，初めから○で囲みます。教師は，生徒が単語をチェックしたことを確認し，B，I，N，G，O 群の順番で，次の単語を読み上げます。同じ単語を2度読まないように，読み上げた単語には印を付けておきます。生徒は，シートの縦・横・斜めのいずれかの単語にすべて○が付いたら，大きな声で「ビンゴ！」と言います。ビンゴは○が1列ではなく，5列くらいにすると，それだけ多くの単語が読み上げられ，学習効果が期待されます。また，1位の人がビンゴになったら活動を終えるのではなく，クラスの3分の1くらいがビンゴになるまで行う方が，生徒はやりがいを持って活動に取り組みます。すでにビンゴになった人には，活動の終わりまでに何列ビンゴできるかに挑戦させ，最後まで参加させます。

B	nose	hand	face	head	mouth
I	stay	stop	hurry	arrive	walk
N	great	difficult	FREE	funny	large
G	sometimes	just	never	often	always
O	forgot	drank	gave	kept	wrote

| Prep | Step 1 | Step 2 | **Step 3** | 解説 |

■ビンゴの結果を記録

　ビンゴのマス目に単語を入れる宿題をしてこなかったり，ビンゴに参加しなかったりする生徒がいるかもしれません。このことを防ぐために，クラス内でいくつかのチームを作り，チーム内でビンゴできた人数を毎回記録します。例えば3人ビンゴできれば3点というように，ビンゴできた人数に応じて点数をつけます。点数は学期を通じて加算し，チームで競わせます。

❀ バリエーション ❀

(1) マス目に入れる候補の語群を，カテゴリー別（例：動物名，家族関連語）にします。過去形 -ed の発音別カテゴリーなども可能です。
(2) 単語を読み上げるときに，"p, p, pen, pen, pencil, pencil" のように，語頭から徐々に読み上げます。
(3) マス目に単語の日本語訳を入れさせます。教師が単語を読み上げ，生徒はその単語に対応する日本語訳に○を付けます。
(4) (3) とは逆に，マス目に英単語を入れさせ，教師は単語の日本語訳を言います。生徒はその日本語訳に対応する英単語に○を付けます。
(5) 語群の単語を読み上げる代わりに，それらの単語を使った短い文を作り，それらの文を読み上げます。例えば，I 群に Monday がある場合，"I, Today is Monday., Today is Monday. ..." のように読み上げます。生徒は，自分が単語を記入したマスのI欄に Monday があれば，それを○で囲みます。
(6) リーディング教材を使用し，文中で使用されている単語でビンゴを行います（青野，2005）。生徒は英文を読み，英文中の単語が自分の記入したマス目にあれば，その単語に○を付けます。マス目に入れる候補の語の半数は生徒に読ませる英文から取り，もう半数はそれ以外の単語にします。生徒は英文を速読し，できるだけ早くビンゴできるよう，スピードを競います。また，英文とビンゴのマス目を紙の表と裏に印刷すると，英文を一時的に記憶する必要があるため，生徒は集中して英文を読み，ビンゴに取り組みます。

○リーディング教材を使ったビンゴの例（*Captain I*, Lesson 4）
[英文の例]　　　　　　　　　　　　　　＊下線部をビンゴで使用

　　When you <u>graduate</u>, you'll <u>think</u> <u>about</u> your <u>life</u>. But you can <u>never</u> <u>know</u> your <u>future</u>. <u>Some</u> of my friends <u>became</u> <u>lawyers</u>. <u>Some</u> <u>became</u> FBI <u>agents</u>. And I <u>became</u> a sumo <u>wrestler</u>.
　　<u>Dreams</u> are <u>important</u>, but your <u>effort</u> <u>toward</u> your <u>dream</u> is also <u>important</u>. You are the <u>captain</u> of your <u>life</u>. <u>Good</u> luck!

[語群]

B：	actor	agent	teacher	captain	doctor	pilot	lawyer	wrestler
I：	work	graduate	need	think	tell	know	begin	become
N：	college	dream	happiness	effort	music	life	reason	future
G：	good	difficult	important	great	some	nice	never	bad
O：	at	about	on	of	over	toward	in	up

B	doctor	lawyer	teacher	wrestler	agent
I	begin	think	graduate	know	need
N	effort	dream	FREE	life	music
G	nice	some	never	bad	good
O	in	up	over	of	on

(7) (6)はリスニングでも行うことができます。英文を生徒に聞かせ，生徒はその英文中の単語が自分の記入したマス目にあれば，その単語に○を付けます。

Prep ＼ Step 1 ＼ Step 2 ＼ Step 3 ＼ **解説**

　ビンゴは，目的によって使い方を変えることができます。マス目に英単語を入れ，教師が英単語を読み上げる方法では，単語の語形と音声を一致させることがねらいとなります。バリエーションで挙げた，マス目に単語の日本語訳を入れ，教師が英単語を読み上げる方法では，英単語を聞いて，日本語の意味を想起する訓練に役立ちます。一方，マス目に英単語を入れ，教師が単語の日本語訳を言う方法では，日本語訳を聞いて，英単語を想起する訓練となります。また，単語は文脈で使用されてこそ活きてくるので，目標語を文脈内で提示する方法も有効です。いずれも，テンポ良くゲームに参加するために，生徒は単語の形・音声・意味の結びつきを強め，すばやく目標語を探す必要があります。

　単語の復習をする際は，時間をかけて一度にたくさんの単語を復習するより，時間的に間隔を置き，その間隔を徐々に拡大させて反復（間隔拡大反復）する方が，長期間単語を記憶できるとされています。

Ⅱ-2. 定着のための実践例
【実践例11】

単語カードを利用した復習

対象………… | 小学校 | **中学校** | **高 校** | **大 学** |
目的…………既習語彙を定着させる
キーワード……記憶　反復学習　復習のバリエーション
準備時間………20分
活動時間………5分（教室外の復習）
準備するもの…単語カード用の厚紙，カードを綴じるリング

※ 教師の悩み ※

中学校の後半から高校段階にかけて，毎時間の授業で導入する単語数が急に増えてきます。そのため，単語を覚えきれずに英語嫌いになってしまう生徒が出てきます。毎日，地道に単語の復習をさせて，少しずつでも単語を覚えさせる方法はないでしょうか。

※ ここで一工夫 ※

単語を数秒間繰り返し見るだけでも，単語に関する知識が少しずつ記憶として残り，それが単語の定着につながると考えられています。生徒は，復習用に単語帳を作成することがあります。しかし，教科書に出てきた順番に単語を並べてしまうと，毎回，同じ順番で単語を復習するため，学習が単調になってしまいます。

単語カードは，作る手間がかかりますが，使い方を工夫すれば多様な復習が可能です。この活動は，高校1年生を例にしていますが，活動の方法を工夫すれば，あらゆるレベルで応用が可能です。

※ 指導の準備・授業展開 ※

Prep 1 | Prep 2 | Step 1 | Step 2 | 解説

以下は，ある授業で導入した新出語13語です。教科書の脚注に単語と発音記号が記載されています。

新出語

> earthquake, non-Japanese, survivor, injure(d), information, barrier(s), difficulties < difficulty, internationalization, associate(d), occur(red), foreigner(s), neither, nor

　JACET 英語語彙研究会の HP には，学習語彙表 JACET8000の頻度順上位4000語と Plus250語の計4250語が Excel2003のファイル形式で公開されています。このリストには，単語の品詞とJACET 語彙表の順位が示されています（⇨ Tip 3）。このリストを使って，表1のように新出語のレベルを調べておきます。

　授業では，JACET8000の4000語と Plus 250語を当面の学習目標に設定します。その場合，このリストにある単語は「できたら綴りも覚える語」，リストにない単語は「意味だけわかればよい語」と分類します。表1では，レベルが「−」の語は，リストに含まれない語を示しています。定期試験では，「できたら綴りも覚える語」を優先して出題するようにします。

表1　新出語リスト

新出語	順位	レベル	備考
earthquake	2513	3	
injure(d)	2097	3	
information	318	1	
barrier(s)	2071	3	
difficulties	875	1	< difficulty
associate(d)	1473	2	
occur(red)	717	1	

新出語	順位	レベル	備考
foreigner(s)	2326	3	
neither	1100	2	
nor	781	1	
survivor	−	−	< survive
non-Japanese	−	−	
internationalization	−	−	< international

| Prep 1 | **Prep 2** | Step 1 | Step 2 | 解説 |

　生徒に，単語カードを準備させ，教科書に出てきた新出語をカードに取らせます。生徒自身に作らせるのがよいのですが，生徒により学習に専念させたい場合は，教師があらかじめ表面の情報をワープロ等で作成して，厚紙に印刷しておきます。その印刷した厚紙を生徒に単語カードに切り取らせて，裏面に必要情報を書き込ませる方法もあります。また，必要に応じて，新出語の派生形や動詞の活用形などを表側か，裏側に追加することもできます。

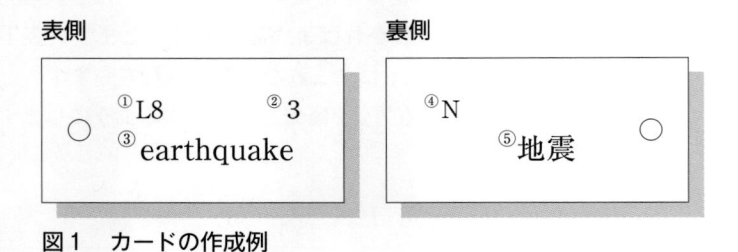

表側　　　　　　　　　　　　　裏側

　　①L8　　②3　　　　　　　④N
　　③earthquake　　　　　　　⑤地震

図1　カードの作成例

記入する情報

	表側	①教科書のレッスン番号	L8 ⇒ Lesson 8
		②頻度レベル	3 ⇒ 頻度レベル3
		③単語	earthquake ⇒ 新出語
	裏側	④品詞	N ⇒ 名詞
		⑤意味	地震 ⇒ 基本的意味

| Prep 1 | Prep 2 | **Step 1** | Step 2 | 解説 |

■短期的訓練・1（英和モード）

　レッスンごとに出てきた単語の意味の定着を図るため，表側の③earthquakeを見て，裏側の⑤地震の意味を言えるように練習させます。カードの配列は，教科書に出てきた順，品詞順，JACET8000のレベル順，アルファベット順など，復習するたびに順番を入れ替えます。

■短期的訓練・2（和英モード）

　日本語を見て，英単語を言えるように練習させます。その際，②頻度レベルで1000語レベル，2000語レベルなどというように，どこまでの単語を日→英で言えるようにするかの目標を設定させましょう。英和の練習と同様に，教科書に出てきた順，品詞順，アルファベット順など，復習するたびに順番を入れ替えます。

| Prep 1 | Prep 2 | Step 1 | **Step 2** | 解説 |

■長期的訓練（自己評価＋再学習）

　各レッスンの終了後は，既習語の定着を深めるために，さらに復習の機会を設定します。その際，カードをリングからはずして，英和モードと和英モードのそれぞれで，次頁の2段階の学習を繰り返します。どちらのモードでも，少しずつ「1　自信あり」の単語カードを増やしていくようにさせます。

※バリエーション※

(1)　英語の学力が高くない場合は，カードに書き入れる情報の質と量を工夫します。例えば，初級者用の教科書の場合，巻末に単語の意味が掲載されていることが多いですが，そのリストを参照しながらカードに意味を記入させます。また，教科書にカタカナ表記の発音がある場合は，カタカナ発音を記入させると音声と綴りの関係を理解するのに役立ちます（p.79，図2参照）。

■英和モード

第1段階　自己評価段階
単語を見て，意味を思い出す。覚えている自信の度合いを，以下の3段階に分別する。
　　1　自信あり：自信を持って単語の意味を言える状態
　　2　もう少し：何となく意味はわかるが，自信がない状態
　　3　自信なし：全く意味がわからない状態

⇩

第2段階　学習段階
第1段階で，「2　もう少し」「3　自信なし」と分類された単語カードだけを再度学習する。学習が済んだら自己評価段階に戻る。

■和英モード

第1段階　自己評価段階
日本語訳を見て，単語の綴りを言ってみるか，書いてみる。覚えている自信の度合いを，以下の3段階に分別する。
　　1　自信あり：自信を持って単語の綴りを言える状態
　　2　もう少し：何となく綴りはわかるが，自信がない状態
　　3　自信なし：全く綴りがわからない状態

⇩

第2段階　学習段階
第1段階で，「2　もう少し」「3　自信なし」と分類された単語カードだけを再度学習する。学習が済んだら自己評価段階に戻る。

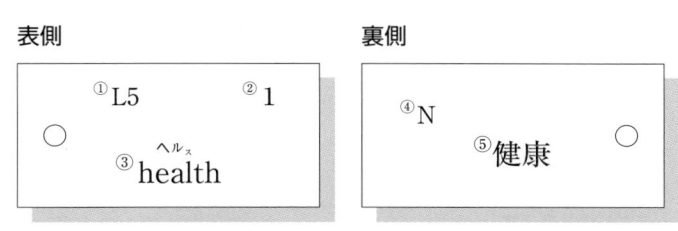

```
表側                          裏側
 ┌─────────────────┐         ┌─────────────────┐
 │   ①L5      ②1   │         │  ④N             │
 │ ○               │         │       ⑤健康   ○ │
 │      ③health    │         │                 │
 │        ヘルス    │         │                 │
 └─────────────────┘         └─────────────────┘
```

図2　カードの作成例

(2)　初級者で品詞の区別がつかない段階の場合は，単語カードの表側を上にしてかるたのように並べ，品詞ごとに分類させます。特に，形容詞と副詞の区別がつかない学習者が多いので，品詞の概念を理解させるのに役立ちます。

(3)　上級者の場合は，表側の単語の下に短い例文を入れて，例文の中で単語を覚えるようにさせます。特に，動詞やイディオムの場合は，例文を使って覚えた方が効果的です。

Prep 1 / Prep 2 / Step 1 / Step 2 / 解説

　教科書の新出語のどれが重要な単語で，どれがトピックを導入するために使用された低頻度の単語なのか，学習者には区別がつきません。どの単語を覚えたらよいかの指針を教師が示すことが，学習の効率化につながります。教師の勘と経験で選別してもよいですが，頻度順に基づく客観的な基準で提示してみてはどうでしょうか。

　この活動では，単語カードに書き写した情報を，最大限に活用しながら単語の復習にバリエーションをつけることをねらっています。1語1語を学習に変化を持たせて覚えていけば，JACET8000の4000語の目標に近づくことができるでしょう。

II-2. 定着のための実践例
【実践例12】
英英辞典を利用した語義の定着

| 対象 | 小学校 | 中学校 | 高　校 | 大　学 |

目的…………英英辞典を利用して，英単語の意味を確認させる

キーワード……英英辞典　英単語　定義
準備時間………20分
活動時間………10分

※ 教師の悩み ※

　日本語を介さずに，英英辞典を利用して英単語の定義を理解することは理想的ですが，そのためには3000語程度の語彙力が必要と言われ，そこまでの語彙力を持っていない多くの生徒に対しては現実的ではありません。しかし，生徒が将来的に英英辞典を利用する可能性を考えて，授業中になんとか活用したいと思うのですが，どうしたらいいでしょうか。

※ ここで一工夫 ※

　既出語の中で，生徒が意味をはっきりと理解できていると思われる英単語の定義を英英辞典で読んではどうでしょうか。そのような英単語の定義の中に未知語があまりないことを確認しておいて，その定義を授業内で提示して，語義の理解をさらに深めます。これで生徒に興味を持たせ，教室外で英英辞典を利用するように奨励しましょう。

※ 指導の準備・授業展開※

| Prep | Step 1 | Step 2 | Step 3 | 解説 |

■普段の準備

教師は，学習用の英英辞典を日常的に引いて，英単語の定義の仕方や定義に利用される英単語のレベルを確認しておきます。学習用の英英辞典としては，*Oxford Advanced Learner's Dictionary*（OALD）と *Longman Dictionary of Contemporary English*（LDOCE）は定評がありますが，生徒のレベルに合わせて，*Oxford Wordpower Dictionary* や *Longman Active Study Dictionary* などのより易しい英英辞書を使うことも勧めましょう。また，生徒に授業外での活用を勧めるには，図書館や教室内に英英辞典を揃えて，いつでも使えるようにしたいものです。

■具体的な準備

「既出語の中で，生徒が意味をはっきりと理解できていると思われる英単語」が教科書に出てきた場合に，その英単語の定義の中に未知語があまりないことを確認した上で，授業内で提示してみましょう。

> Street performers are traveling pantomime <u>artists</u>, jugglers, acrobats, <u>magicians</u> and <u>musicians</u>. They perform in cities and towns all over the world. You can find them in parks, on sidewalks, or near train stations. They practice for years to become good street performers. Though they sometimes collect money, most performers can't make their living this way. They get no regular salary. So why do they choose this life?　(*Genius I*, Lesson 1)

ここで magicians は新出語ですが，「マジックをする人」であることは生徒にはすぐに分かると思います。そこで，パフォーマンスをする人たちの例として，artists, magicians, musicians を取り上げることを決めて，それぞれの英単語を英英辞典で引き，定義を確認しておきます。

| Prep | **Step 1** | Step 2 | Step 3 | 解説 |

　該当部分の授業になったら，「いろいろなパフォーマンスをする人たちについて述べられているが，いくつかの名称を英英辞典で見てみよう」と言って，英英辞典での定義を示します（黒板に書くか，事前にプリントにしておきます）。ここでは OALD の定義を使います。

artist: a person who creates works of art, especially paintings or drawings

magician: 1. a person who can do magic tricks 2. (in stories) a person who has magic powers

musician: a person who plays a musical instrument or writes music, especially as a job

　定義の中に未知語があると，それをさらに引かなくてはならないことが英英辞典を利用するときの大きな問題点です。授業の中では，定義に未知語がある場合はまずその意味を示して未知語がない状態にして，調べたい英単語の定義を読むことに力を入れましょう。

　上記の 3 単語の定義の中では，works は「作品」，paintings は「絵」，drawings は「スケッチ」，magic tricks は「手品」，musical instrument は「楽器」であることを伝えて，生徒にそれぞれの定義を読ませましょう。

　そして，a person who ＋動詞という形で表現ができること，magician には「手品師」という意味に加えて，「魔法使い」という意味もあること，そして，英英辞典と言っても意外と分かりやすいことを生徒に示します。

　また，magician のように複数の語義を持つ単語は多くあるので，覚えている意味では文脈に合わない場合には，英和辞典で確認するといいことも教えましょう。

| Prep | Step 1 | **Step 2** | Step 3 | 解説 |

　Step 1 を受けて，今度は musician に含まれる人たちの名称を英英辞典（OALD）からいくつかを取り上げて，生徒に当てさせてみましょう。

(1) (	) :	a person who plays a violin
(2) (	) :	a person who plays the piano
(3) (	) :	a person who sings, or whose job is singing, especially in public
(4) (	) :	a person who plays a drum or drums

[解答] (1) violinist (2) pianist (3) singer (4) drummer

Step 3

　「～する人」の定義の仕方を覚えたところで,「オルガンを弾く人」と「トランペットを吹く人」を英語で生徒に表現させます。organ と trumpet を教えてもいいでしょう。その後, 英英辞典で organist と trumpeter を引いて, 英英辞典での定義と自分の表現との違いについて考えさせます。

※ バリエーション ※

　スポーツ（野球, サッカー, バレーボール）の定義や, 日常的に使う道具（はさみや鉛筆, ねじ回しや金づち）の定義をいくつか取り上げて, 生徒に当てさせたり書かせたりするのもいいでしょう。

解説

　英英辞典を利用するには基礎的な語彙力が必要です。最初は英英辞典での定義に興味を持たせるやり方で, 英単語の語義を理解させましょう。

　調べようとする英単語の説明の中に知らない単語があると, 今度はその単語の意味を調べなくてはいけないため, 何回も辞書を引くことになります。これが英英辞典を使うときの問題点であることをはっきりと生徒に伝え, 学習用の英英辞典を利用するには2000語から3000語の語彙力が必要で, それがあれば, 単語の意味をよりつかみやすくなることを教えましょう。

Ⅱ-2．定着のための実践例
【実践例13】
ワードサーチを使った語形と定義の定着

対象……………　| 小学校 | 中学校 | 高　校 | 大　学 |
目的……………語形と定義を定着させる
キーワード……英英辞典　語の定義　自作ワードサーチゲーム
準備時間………20分
活動時間………20分
準備するもの…WordSearch Maker（付属 CD-ROM 収録）

❈ 教師の悩み ❈

　生徒が新出語の意味を英和辞典で調べるのはいいのですが，調べた語義の日本語の意味が分からないままで覚えようとしていることがあるようです。これでは，いくら覚えても，そのような単語を使えるようになるとは思えません。語の定義そのものを意識させるような活動アイディアはないでしょうか。

❈ ここで一工夫 ❈

　語の定義を意識させるには，英英辞典が最適です。しかし，英語があまり得意でない生徒には敷居が高いものです。そこで，英英辞典の定義をうまく使って，単語とその定義そのものを結びつけるようになるきっかけを作るために，自作のワードサーチを使って，ゲーム感覚で単語と英英辞典の定義を結びつけましょう。

※ **指導の準備・授業展開** ※

| Prep | Step 1 | Step 2 | Step 3 | 解説 |

■**準備** 活動に使用する単語の定義を英英辞典で調べ，リスト化します。ワードサーチは Microsoft の表計算ソフト「Excel」で作ります。付属 CD-ROM の WordSearch Maker というファイルを開いて，「データ」という名前のシートに図1のように単語と定義のリストを作成します。ここでは botanic, temperature, minus, preserve の4つの単語を使って例示しますが，10語ほどが適切でしょう。定義がセルからはみ出してしまっても大丈夫です。

A	B	C	
	単語	定義	定義の訳
1	botanic	related to the scientific study of plants	植物の研究に関連した
2	temperature	the degree of heat	熱の程度
3	minus	below zero	0よりも小さい
4	preserve	keep something in its original state	もとの状態にとどめる
5			

図1　単語と定義のリスト化

| Prep | **Step 1** | Step 2 | Step 3 | 解説 |

■**ワードサーチの作成** 次に，同じファイルの「解答作成」シートを開きます。このシートには，先ほど入力した単語と，色の付いた15×15のマス目があります。（次頁図2）。

「埋め込む単語」を参照しながら，解答作成領域のマス目の中に探させたい単語を手作業で1文字ずつ埋め込んでいきます。1マスに1文字ずつ入力してください。図2では例として botanic, temperature, minus, preserve を入れてあります。解答作成領域に文字を入力すると，印刷して配布するワードサーチの同じ場所に単語が自動的に埋め込まれます。

この時点で，解答に関係のない無作為抽出のアルファベットや単語の定義が「ワードサーチ」シートに自動的にコピーされています。出題するすべての単語のアルファベットを解答作成領域に入力したら，8×8，10×10，15×15マスの3種類のワードサーチシートの中から適切な大き

2．定着のための実践例　85

さのタブを選んで印刷してください。大きさの目安は「解答作成」タブ内に説明がありますので，参照してください。

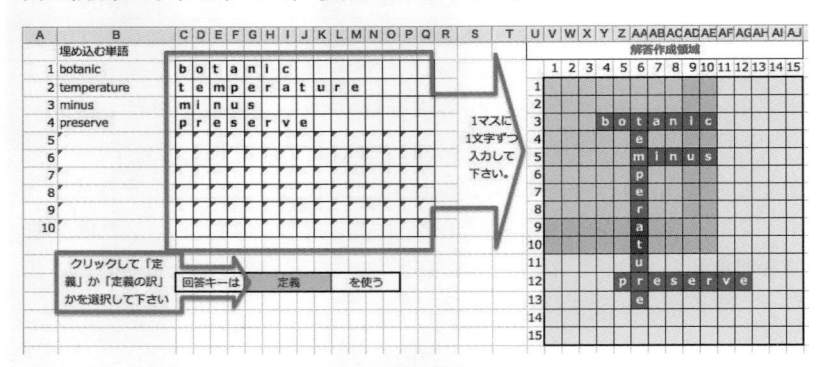

図2　解答作成シート

Step 2

■**活動**　実際にワードサーチをさせるときには，まず回答キーである英英辞典の定義が表す単語を，定義の後にある（　　）に書かせます（次頁図3）。次にそれらの単語を表の中から探し，見つけたらその単語を楕円で囲むようにさせます。回答キーの理解が難しい場合には，英英辞典の定義を和訳したものを与え，答えの単語が何であるかを口頭で言わせるなどして，単語を確認してから探させるとよいでしょう。

Step 3

■**繰り返し**　同じ単語と定義の組み合わせでも，単語を埋め込む位置が変われば，全く別のワードサーチになり，繰り返し使うことができます。また，定義から単語を思い出せなかった語をメモしておき，それらの語でワードサーチを作成し，繰り返し学習させると効果的です。活動に慣れてきたら，単語を埋め込む方向（斜めなど）を工夫しましょう。こうすることで，普段とは異なる向きの単語を見つけなければなりませんから，語形（綴り）に通常以上に意識を集中させられます。

回答キー
1. related to the scientific study of plants
   (　　　　　　　　)
2. the degree of heat
   (　　　　　　　　)
3. below zero
   (　　　　　　　　)

図3　印刷用ワードサーチ（一部）

```
j j f b o t a n i c
e y s o g e s j e e
g r h p y m i n u s
n w y w b p z w v l
s c a r c e i v h v
x h p e i r p c s k
c j l d c a b o f r
d k n p z t l x g m
n o o n t u w v g z
j r p y p r e s e r
b o t v b e j r w m
q b m o g h b b e f
o c t e g v r t j f
```

※ バリエーション ※

(1) Step 1で解答例を作る際に，アルファベットの代わりに，／（スラッシュ）を入力すると，そのマスが黒塗りになり，文字数が減って難易度が下がります。

(2) 単語と英英辞典の定義を生徒に書かせて集め，教師がそれらをまとめてワードサーチに組み込むと，生徒が英英辞典を使うきっかけをうまく作ることができます。

| Prep | Step 1 | Step 2 | Step 3 | 解説 |

　この活動では，定義を理解することから始まり，語の意味に意識を向けます。その後，単語を推測して探す際には語形に意識が集中します。意味と語形のそれぞれに意識を集中させることと，意味から語形へ意識の転換を通して意味と語形との間に対応関係を作るのがこの活動のねらいです。また，意味から語形を思い出す活動は，発表語彙を増やすことにもつながります。

2．定着のための実践例　87

Ⅱ-2. 定着のための実践例
【実践例14】

教科書課末の発音練習問題の活用

| 対象 | 小学校 | 中学校 | **高 校** | **大 学** |

目的…………既習語の発音を定着させる
キーワード……課末　繰り返しの工夫　語義と文脈
準備時間………15分
活動時間………20〜25分

❊ 教師の悩み ❊

　単語の発音を指導したいのですが，1つの単語を数回繰り返して読む程度で，どのような点に注意すべきかなどが分かりません。リスニングテストや発音の問題などにも対応できるように，繰り返し聞いたり発音したりするような学習や，運用力へとつながるような活動はないでしょうか。

❊ ここで一工夫 ❊

　発音問題は大学入試センター試験にも出題されています。教科書の課末には発音に注意させたい単語の問題が用意されていることが多いので，それらを繰り返して聞いたり発音させたりして練習しましょう。この活動例では *Genius II, Lesson* 3の課末にある発音の問題を使って，「単語は文脈内で扱って初めて意味をなす」こと，そしてリスニングでは，「個々の単語の発音だけに頼るのではなく，文脈からの意味的な助けを借りて聞き取れない部分を補う」ことを指導する方法を提案します。

指導の準備・授業展開

> **Pronunciation**
>
> 母音（1） /æ/と/ɑ/
>
> ① 次の語を母音の発音に注意して聞き，練習しなさい。
>
> hat ｜ hot　　packet ｜ pocket　　racket ｜ rocket　　sang ｜ song

図1　発音練習の例（*Genius II*, Lesson 3より）

　準備の段階では，教科書で題材として取り上げられているそれぞれの語を含む例文を辞書などで探しておきます。語形変化した語，特に不規則動詞の変化形が使われているような例文ではなく，教科書の問題と同じ形の語を含む例文を探しておきましょう。どうしても見つからない場合には，オリジナルの文を作ってもよいでしょう。また，上の図1の例のように，ミニマルペア（1つの音素のみが異なる2つの単語）を扱う場合には，それらのうちの一方だけが入るような例文を用意しましょう。これは文脈を手がかりとして利用できることを強調するためです。

　例として図1の単語（hat ｜ hot, packet ｜ pocket）に以下のような例文を用意します。

　　hat: I need to go buy a new *hat*.
　　hot: It's *hot* in here. Could you open the window?
　　packet: We will send you the *packet* right away.
　　pocket: It's dangerous to walk with your hands in your *pocket*.

　これらの例文から，焦点を当てている語（hat, hot, packet, pocket）を＿＿＿などで置き換えて空所補充の問題を作り，ペアごとに順番を替えた配布物を作っておきます。次頁のStep 2の図2を参照してください。

Step 1 ＼ Step 2 ＼ Step 3 ＼ Step 4 ＼ 解説

■意味と発音の確認
　まずは，それぞれの単語の意味を確認します。既習語ですから，意味

2．定着のための実践例　89

が分かっているのであれば確認しなくてもよいでしょう。この段階ではその単語の最も一般的な意味が分かればよいものとします。その後は教科書の指示通りに，ミニマルペアごとに発音を聞かせた後，何度か発音の機会を与えます。大切なことは，意味が分からないままで発音の練習をさせないことです。

| Step 1 | **Step 2** | Step 3 | Step 4 | 解説 |

■文脈と単語の意味

　次に，準備段階で用意した空所補充問題のプリントを配布し，生徒に解かせます。問題を解き終わった時点で解答を確認しますが，その際には空欄に答えとなる単語を入れた文を読ませて確認すると，発音練習の機会を増やすだけでなく，単語だけの発音練習よりも自然な練習に近づきます。

次の下線部に入る最も適切な語を＜　＞内から選んで書きなさい。

(1) ＜ hat ｜ hot ＞
　　a. It's ＿＿ in here. Could you open the window?　　（　　）
　　b. I need to go buy a new ＿＿.　　　　　　　　　　（　　）
(2) ＜ packet ｜ pocket ＞
　　a. We will send you the ＿＿ right away.　　　　　（　　）
　　b. It's dangerous to walk with your hands in your ＿＿.（　　）

図2　空所補充問題プリント例

| Step 1 | Step 2 | **Step 3** | Step 4 | 解説 |

■リスニング力の強化

　今度は，先ほどのプリントを伏せて，耳で判断させます。同じ例文を使ってもよいですが，生徒の英語力にあわせて全く新しい文を混ぜてもよいでしょう。黒板にミニマルペアを板書し，どちらの単語が入ってい

たか聞き分けるように指示します。その後，どちらかの単語を含んだ例文を読み上げ，どちらの単語が入っていたか考えさせましょう。すべての語について出題します。

| Step 1 | Step 2 | Step 3 | **Step 4** | 解説 |

■問題作成

　最後は生徒の小グループかペアに1つのミニマルペアを割り当て，1つの単語につき最低1つの例文を辞書で探したり，自分たちで考えて書かせたりします。こうすることで，生徒は単語の意味が文脈に依存していることを再確認するとともに，問題として出題されている単語がどのような単語と一緒に使われるかを考えることにもつながります。

❀ バリエーション ❀

　Step 3では，例文を読む際，ミニマルペアの語を発音するのに合わせて，手で教卓を叩いたりして雑音を発生させて聞き取りにくくすると，「耳」だけに頼るのではなく，文脈を手がかりとして聞き取れなかった単語が何であったのかを考える発展的な活動になります。

| Step 1 | Step 2 | Step 3 | Step 4 | **解説** |

　この実践例で取り上げた課末の問題では，ミニマルペアの単語を聞き分けられるかに焦点が当てられています。もちろんきちんと聞き分けられることは大切ですが，実際にこれらの単語が同じ文脈内で使われ，聞き分けられないことが原因でコミュニケーションに支障を来すということはそれほど多くないでしょう。むしろ，聞き取りだけに頼るのではなく，前後関係を頼りに「発音された単語が何であったか」を無意識に推測しながら理解しているのだということに気づかせたいですね。

Ⅱ-2. 定着のための実践例
【実践例15】
接尾辞(-er)を使った単語の定着

対象……………… 小学校 **中学校** 高校 大学
目的……………… 人を表す接尾辞 -er を定着させる
キーワード……… 派生語　接辞　-er
準備時間………… 10分　　　　　活動時間……… 15分
準備するもの…… プリント（板書でも可）

※ 教師の悩み ※

生徒が徐々に派生形に慣れることができるように，まずは中学校の教科書でよく現れる，動詞を名詞形にする -er を習得させたいと思っています。しかし，派生形に初めて出会う生徒に対してどのように教えたらよいのかが分かりません。

※ ここで一工夫 ※

語尾に -er が付くと「人」という意味が加わる単語は，カタカナ語として広まっています。そのため，日本語として生徒になじみがある単語を使って導入するとよいでしょう。ただし比較級の -er もすでに学習している場合は，2つの -er を区別できるように教えることが重要です。

※ 指導の準備・授業展開 ※

生徒が習得済みの動詞で，人の意味になる -er が語尾に付く単語を集めましょう。player のように動詞の語尾に -er だけを付ける単語のみを集め，dancer, swimmer のように，-r だけを付けるものや語尾の子音を重ねなければならないものは避けておきましょう。さらにカタカナ語と

してもなじみがある語を集めておくと，生徒が取り組みやすくなります。例えば，singer, listener, teacher, player, catcher などがあります。

Step 1

準備した単語のカタカナ語について，以下のようなプリントを作成します。板書や口頭でも対応することができます。

以下のカタカナ語の共通点を２つ探してみましょう。 (1) (　　　　　　　　　) (2) (　　　　　　　　　　)		
カタカナ語	意味	英語での綴り
シンガー		
リスナー		
ティーチャー		
プレイヤー		
キャッチャー		

２つの共通点とは，1. 語尾がすべて伸ばす音で終わる，2.「～する人」という意味を持つ，です。生徒が共通点をなかなか見つけられそうになければ，「共通点のうち１つは単語の形に関するもので，もう１つは意味に関するものだよ」とヒントを出すことも可能です。

Step 2

Step 1であげたカタカナ語が何をする人のことを示しているのかを考えさせましょう。上の表のようにプリント中央部分に書かせてもよいですし，板書で対応している場合にはクラスの中から何人かに指名して言わせてもよいでしょう。この際，カタカナを使用してもよいこと（例：プレイする人）を伝えておくと取り組みやすくなるでしょう。

| Step 1 | Step 2 | **Step 3** | Step 4 | 解説 |

　上記のカタカナ語は英語からの借用語であることを伝え，英語でも動詞のア段の語尾を伸ばす（-er を付ける）と「〜する人」という意味になる場合があることを教えます。例えば，シンガーは「歌う人」という意味なので，「歌う」という動詞である sing に -er が付き singer という単語になっているというように説明します。それぞれのカタカナ語を英語にしたものを，表の右側の欄に以下のように記入させます。

カタカナ語	意味	英語での綴り
シンガー	歌手（歌う人）	singer
リスナー	聴く人	listener
ティーチャー	先生（教える人）	teacher
プレイヤー	選手（演技する人，演奏する人）	player
キャッチャー	捕手（ボールを取る人）	catcher

| Step 1 | Step 2 | Step 3 | **Step 4** | 解説 |

　すでに比較級が既習の場合，Step 3 までで挙げていない -er の付く単語と比較級の -er が付いた単語を一緒に生徒に見せ，単語のグループ分けをするように指示することもできます。この活動を通して，「〜する人」という意味になる場合には動詞に -er が付くこと，比較級の場合には形容詞や副詞に -er が付くことを理解させましょう。例えば以下のような語群を提示することができます。

> 「〜する人」という意味の単語 4 語に丸をつけましょう。
>
> 　　　reader　　higher　　smaller　　worker
> 　　　longer　　walker　　learner　　taller

［解答］reader, worker, walker, learner

※ バリエーション ※

(1) 生徒のレベルに合わせて，driver, dancer, writer のように動詞に -r のみを付ける単語や，swimmer, beginner, runner のように m や n を重ねなくてはならない単語を導入することもできます（⇨実践例18）。

(2) speaker, cleaner, cutter, locker, planter のように，カタカナでは「～する人」という意味が含まれていないものでも，英語では「～する人」という意味もある，ということに触れてもよいでしょう。

(3) 英語としては生徒が知らない単語であっても，オーナー，ピッチャー，スキーヤー，リーダー，プロデューサーのような例を挙げてそれぞれがどんな人なのかを考えさせ，その後英語での綴りを教えると，-er が付いた単語にさらに慣れることができるでしょう。

| Step 1 | Step 2 | Step 3 | Step 4 | **解説** |

　接辞には複数形や3人称単数現在形を作る -s や動詞に付ける -ing, -ed，そして形容詞，副詞に付ける -er, -est のように単語の活用形を作るものと，派生語を作るものの2種類があります。前者は単語の品詞を変えるわけではないですし，単語の意味を大きく変えるわけでもありません。このような接辞は文法を教えるときに扱うことが多いでしょう。一方，後者は単語の意味や品詞を変化させる接辞で，本節で扱っている -er はこれにあたります。単語を分けることに慣れていない生徒に対しては，日本語としても比較的なじみがある -er から始めるとよいでしょう。

2．定着のための実践例

Ⅱ-2．定着のための実践例
【実践例16】

接辞を中心とした復習

対象…………… 小学校　中学校　高校　大学
目的…………… 接辞の付いた単語を定着させる
キーワード…… 接頭辞　接尾辞　派生語
準備時間……… 20分　　　　　活動時間……… 10分
準備するもの… 復習用プリント

※ 教師の悩み ※

　高校の中級になると，学習する単語の数が増大してきます。単語を1語1語覚えるばかりでなく，接辞の知識を整理しながら単語を増やしていくような覚え方はないでしょうか。市販の単語集には，代表的な接辞の付いた単語リストがありますが，詳しすぎるように思います。教科書に出てきた単語を使って，効率的に接辞を復習させるようにしたいのですが，よい方法はないでしょうか。

※ ここで一工夫 ※

　巻末の「語彙指導を深く知る8つのTips・Tip 4」に手順を示した単語リストを作成しておくと，教科書でどんな接辞の付いた単語が使用されているかを調べることができます。教科書によっては，課末に接辞のリストや練習問題が盛り込まれている場合もありますので，活用しましょう。
　ここでは，*Genius Readings* の Lesson 4, Part 2を使って，簡単にできる接辞の定着を目的とした問題作成の例を提案します。

※ 指導の準備・授業展開 ※

| Step 1 | Step 2 | Step 3 | 解説 |

■接辞の意味を考えさせる

あらかじめ作成したその課の単語リストを用いて，規則的な接辞が含まれるものを拾い出し，共通する接辞の意味を考えさせます。

下の表の意味の欄に，該当するものを選び，記号で答えなさい。
(a) のような，〜らしい　　(b) 〜する人［もの］
(c) 〜できる　　　　　　　(d) 〜すること
(e) 〜でない，〜がない　　(f) 〜に，〜の状態で

番号	接辞	単語	はたらき	意味
1	-tion	action, indication, exaggeration, population, reintroduction, transformation	動詞を名詞にする	
2	-or	creator, visitor	動詞を名詞にする	
3	-able	favorable, lovable, noticeable, unacceptable	動詞や名詞を形容詞にする	
4		lovely	名詞を形容詞にする	
5	-ly	definitively, easily, greatly, highly, probably, quietly, similarly, slightly, strongly	形容詞を副詞にする	
6	un-	unacceptable, unintended, unknown	否定を表す	

［解答例］ 1. d　2. b　3. c　4. a　5. f　6. e

2．定着のための実践例　97

| Step 1 | **Step 2** | Step 3 | 解説 |

■接辞を定着させるための活動

　接辞をさらに定着させるために，次のようなプリントを作成して，学習した単語に含まれる接辞を復習させます。

1．辞書を使って，次の動詞に -tion か -or を付けて名詞にしなさい。両方が可能な場合や，動詞の語尾の綴りが変化する場合もあります。
　(1) act　(2) indicate　(3) exaggerate　(4) create　(5) visit
　(6) populate　(7) reintroduce　(8) transform

［解答例］
1.　(1) action（行為）／ actor（俳優）　　(2) indication（指示）／ indicator（指示者）
　　(3) exaggeration（誇張）　　　　　　(4) creation（創造）／ creator（創造者）
　　(5) visitor（訪問者）　　　　　　　　(6) population（人口）
　　(7) reintroduction（再導入）　　　　(8) transformation（変形, 変質）

2．次の単語に接頭辞を付けて，意味を反対にしなさい。
　(1) acceptable　　(2) intended　　(3) known

［解答例］　2.(1) unacceptable　(2) unintended　(3) unknown

| Step 1 | Step 2 | **Step 3** | 解説 |

■教科書本文を使った接辞の復習

　教科書で使用された語の接辞の理解を試す問題です。本文の意味を確認しながら，与えられた単語にどの接辞が付いていたか，また綴りはどうだったかを，教科書を見ないで思い出させます。

Ⅰ　(　　)の語を -tion, -ity, -ness, -ly, -ism のいずれかで終わる単語にして，意味が通じるようにしましょう。動詞の語尾の綴りが変化する場合もあります。
　In 21st-century science, 1(anxious), 2(isolate), and 3(hopeless) are not

just feelings. Neither are love, peace, and 4 (optimistic). All are physical states that affect our healthy as 5 (clear) as being fat or physically fit.

Ⅱ（　　）の語を完成させて，意味が通じるようにしましょう。

And the brain, the source of such states, offers a 6 (potent---) gate to other body parts from the heart to the stomach. The challenge is to discover the paths linking mental and 7 (physic--) states, and learn how to travel them at will.

[解答例]　Ⅰ．1. anxiety　2. isolation　3. hopelessness　4. optimism　5. clearly
　　　　　Ⅱ．6. potential　7. physical

　空所にどんな単語を入れるかを，前後関係から推測させる練習です。このパートでは，名詞化接尾辞（-ity, -tion, -ism），形容詞化の接尾辞（-al），副詞化の接尾辞（-ly），否定の接尾辞（-less）などが使われています。

　教科書の音読を十分に繰り返せば，自然と問題が解けるはずです。この問題は，生徒に音読練習を奨励することにもなります。

※ バリエーション ※

　どの単語にどの接辞が付くかは，判別するのが難しいことがあります。電子辞書で，単語と接辞の可能な組み合わせを調べさせる活動をさせてみましょう。電子辞書の検索機能を使えば，接頭辞も接尾辞も見つけやすくなります。接辞の付いた語をいくつ探せるか，競争させても面白いでしょう。

| Step 1 | Step 2 | Step 3 | 解説 |

　教科書の既習語を使って，接辞を少しずつ復習させることから始めましょう。接辞の数が増えてくれば，次の段階では，頻度が高く，意味や綴りが規則的な接辞を体系的に導入できます。（⇨実践例18）

Ⅱ-3.発展のための実践例
【実践例17】
動詞・形容詞の活用
(既習事項の整理)

対象	小学校	中学校	高校	大学

目的…………動詞・形容詞の活用形を定着させる
キーワード……活用形　動詞　形容詞
準備時間………10分程度
活動時間………10分程度

❀ 教師の悩み ❀

　動詞・形容詞の活用は,綴りや発音にさまざまな規則があり,覚えづらいものです。活用にともなう発音の違いや綴りの違いがなかなか覚えられない生徒が多いのですが,複雑な活用の規則を生徒が分かったと納得するような指導法はないものでしょうか。

❀ ここで一工夫 ❀

　単語の活用形も重要な語の知識の一部です。一見意味がないと思われる活用規則にもそれなりに理由があります。発音・綴りの導入で取り上げた綴りと発音の関係を利用すると,複雑な活用の規則がなぜそうなっているのかが見えてきます。この知識を動詞や形容詞の活用の指導に取り入れてみましょう。個々の規則を導入するときに教えてもかまいませんが,ここでは中学3年段階で動詞・形容詞の活用を一通り学習した後,活用の整理として付録のCD-ROMに収録されているワークシート20〜23を利用した指導を考えてみます。

※ 指導の準備・授業展開 ※

| Step 1 | Step 2 | Step 3 | Step 4 | 解説 |

■現在分詞を作る規則

　ワークシート20を見てみましょう。タスク１は，現在進行形の文とそれを表すイラストを選び，その後，教師の後に続いて音読する活動です。タスク２は，イラストの動詞を現在分詞にして書かせる活動です。walk, wear, rain, sing はそのまま -ing を付ければ，現在分詞になるので問題ないでしょう。問題は，take と swim です。間違えた生徒には，次のように説明します。

> 　動詞の現在分詞や動名詞を作るときに，原形が e で終わっている場合は，その e を取って，-ing を付けます。また，動詞が単母音字プラス単子音字で終わる場合は，子音字を重ねてから -ing を付けます。
>
> 　例）take → taking, come → coming, live → living
> 　　　swim → swimming, cut → cutting, get → getting

　taking, swimming の綴りが正しく書けなかった生徒には，love, come, run, sit などの現在分詞を書かせてみましょう。

| Step 1 | Step 2 | Step 3 | Step 4 | 解説 |

■語尾の e を取る規則

　これらの規則について，なぜこうしなければならないのかと生徒は質問してくるかもしれません。どう答えたらよいでしょうか。語尾の e を取る規則については，次のように説明します。

> まず語尾の e を取らないで -ing を付けてみましょう。
>
> 　例）come → *comeing,　live → *liveing,　take → *takeing
>
> 　これらの語はどう発音するでしょうか。フォニックスの規則では，ei は /ei/ と発音します。動詞の語尾で発音されなかったサイレント e は ing の i と一緒になることで，/ei/ と発音されるようになったのです。したがって，*comeing は /kʌmeiŋ/ と発音されることになります。このように発音が変わってしまうのを避けるために，語尾のサイレント e を取ってから -ing を付けるのです。

| Step 1 | Step 2 | **Step 3** | Step 4 | 解説 |

■**語尾の子音字を重ねる規則**

　語尾の子音字を重ねるのもフォニックスの規則により，発音が変わるのを避けるためです。次のように説明します。

> 　語尾の子音字を重ねる規則がなぜあるのかは，重ねないとどうなるかを考えると分かります。例として，cut, sit, win に語尾の子音字を重ねないで ing を付けてみましょう。
>
> 　例）*cuting　　*siting　　wining
>
> 　*cuting, *siting という単語はありませんが，発音上は，cute, site から e を取って -ing を付けたと考えて，/kjuːtiŋ/, /saitiŋ/ と発音されるでしょう。つまり cut, sit の u と i が短母音の発音 /ʌ/ と /i/ から長母音の /juː/ と /ai/ に変化してしまうのです。同様に wining は，wine の e を取って -ing を付けたものと見なされます。wining and dining として使われる語ですね。cut のように単語が単母音字プラス単子音字で終わる場合，cutting のように子音字を重ねるのは，短母音の発音をそのまま維持するためなのです。

| Step 1 | Step 2 | Step 3 | **Step 4** | 解説 |

■規則動詞の過去形・過去分詞，形容詞の比較級・最上級の規則

　ここまでの規則は，規則動詞の過去形・過去分詞，形容詞の比較級・最上級を作るときにも当てはまります。

例） trip → tripped　　slap → slapped　　omit → omitted
　　　hot → hotter　　 sad → sadder　　 slim → slimmer
　　　hot → hottest　　sad → saddest　　slim → slimmest

　付属 CD-ROM 収録のワークシート21～23を解答させてみましょう。
　この規則は，最後の母音にアクセント（強勢）が置かれる場合のみ当てはまります。単語が2音節以上になり，最後の音節にアクセントが置かれない場合は，この規則は適用されないので注意が必要です。

・最後の母音にアクセントがある　　occur　→ occurring, occurred
・最後の母音にアクセントがない　　open　 → opening, opened
　　　　　　　　　　　　　　　　　happen → happening, happened

| Step 1 | Step 2 | Step 3 | Step 4 | **解説** |

　動詞や形容詞の活用も語の知識の重要な要素です。正しい綴りを身につけるためには，ワークシート20～23のように動詞・形容詞の活用をまとめて復習すると，発音と綴りの関係から複雑な規則ができていることが理解させられるでしょう。フォニックスの規則を身につけさせることは，綴りから発音できる，発音から綴りが書けるという本来の機能だけでなく，単語の活用形の正しい規則を理解させる上でも役立ちます。

II-3. 発展のための実践例
【実践例18】

接辞の整理

対象…………… 小学校　中学校　**高校**　大学
目的…………… 接辞の知識を整理する
キーワード…… 接辞　接頭辞　接尾辞
準備時間……… 20分　　活動時間………15分
準備するもの…復習用プリント

※ 教師の悩み ※

　高校の中級になると，語彙数も増えてきます。生徒は，最終的には覚えた単語の数が英語力を大きく左右すると信じているようです。しかし，高校3年間で覚えられる単語の数には限りがあります。単語の構成を分析的に指導して，知っている単語の数を効率よく増やすような指導方法はないでしょうか。

※ ここで一工夫 ※

　語彙力を増強するには，本来，単語を1語1語覚えていくしかありません。しかし，単語を覚えているうちに，単語の構成についての共通点に気づくことがあります。例えば，接頭辞，接尾辞，語根などです。高校の中級以上の段階になれば，語彙数も増えてきますから，一度まとめて整理する機会を設けましょう。この実践例では，接辞を活用した例を紹介します。

　本書の付属 CD-ROM には，同様の接辞の問題を収録してありますのでご活用ください。(⇨ワークシート36〜43)

※ 指導の準備・授業展開 ※

| Case 1 | Case 2 | 解説 |

■接頭辞の指導

　生徒に，接頭辞を共有する単語を3語ずつ与えて，その意味を考えさせます。発問は，プリントで与えるか板書します。生徒が解答したら，単語と接辞の意味を解説します。接頭辞は，語根の品詞を変える例（en-）もありますが，ほとんどの語の品詞はそのままで，意味が変わります。

[問題例]

　以下の3つの単語に共通する部分の接頭辞の意味を考えましょう。該当する意味を記号で答えてください。2回選ぶものもあります。

(a) 否定　　(b) 〜の間，〜の中に　　(c) 後の，次の
(d) 〜の以前の，前にある　　(e) 再び・繰り返して　　(f) 半分
(g) 共に，一緒に　　(h) 反対　　(i)（他動詞を作り）〜させる

	単語1	単語2	単語3	意味
1	antiwar	antinuclear	antibody	
2	coincidence	coeducation	cooperate	
3	disagree	disbelieve	dishonest	
4	enable	enroll	ensure	
5	inaccurate	inconvenient	incorrect	
6	interaction	internet	interpersonal	
7	nonstop	nonsense	nonsmoker	
8	postwar	postgraduate	postscript	
9	prefix	prehistoric	precaution	
10	reappear	reborn	reintroduce	
11	semicolon	semicircular	semiofficial	
12	unfair	unlucky	unhappy	

[解答例]　1. h　2. g　3. a　4. i　5. a　6. b　7. a　8. c　9. d　10. e　11. f
　　　　　12. a

3．発展のための実践例

| Case 1 | Case 2 | 解説 |

■接尾辞の指導

　接尾辞については，単語の品詞を区別することが難しい生徒が多いので，接辞を付けて品詞がどう変わるかを考えさせます。接尾辞の多くは品詞を変えますが，意味を変えるもの（-less など）もあります。

[問題例]

　単語1と単語2の関係になるように，単語3に接尾辞を付けて単語4を作りましょう。また新しくできた単語4の意味も答えましょう。

	単語1	単語2	単語3	単語4	意味
例	peace	peace*ful*	joy	joyful	喜ばしい，嬉しい
1	arrive	arriv*al*	remove		
2	contest	contest*ant*	assist		
3	observe	observ*er*	play		
4	sail	sail*or*	visit		
5	ideal	ideal*ism*	human		
6	piano	pian*ist*	art		
7	develop	develop*ment*	govern		
8	aware	aware*ness*	ill		
9	expect	expect*ation*	examine		
10	able	abil*ity*	real		
11	accept	accept*able*	favor		
12	addition	addition*al*	nation		
13	child	child*ish*	fool		
14	danger	danger*ous*	nerve		
15	noise	nois*y*	worth		
16	real	real*ize*	general		
17	hope	hope*less*	tree		
18	clear	clear*ly*	complete		

［解答例］

1. removal（除去）	2. assistant（助手）	3. player（選手）
4. visitor（訪問者）	5. humanism（人道主義）	6. artist（芸術家）
7. government（政府）	8. illness（病気）	9. examination（試験）
10. reality（真実）	11. favorable（好ましい）	12. national（国家の）
13. foolish（ばかげた）	14. nervous（神経質な）	
15. worthy（価値のある）	16. generalize（一般化する）	
17. treeless（木の生えていない）	18. completely（完全に）	

❀ バリエーション ❀

時間がある場合は，生徒をグループに分けてプリントを配布し，辞書を使いながら単語の意味を調べさせた上で，意味の規則性を話し合わせます。また，電子辞書の検索機能を使って，同じ接辞を使ったほかの例を調べさせます。

解説

本実践例で挙げた接辞は，発音と意味が規則的な例です。複数の意味を持つ接辞や，綴りが微妙に変化する接辞もあるので注意しましょう。

接辞をどこまで教えるかは，学習者のレベルによります。1つの手がかりとして，日本人大学生の接辞の習得順位が表1のように報告されています。発音や綴りが規則的で，頻度が高い接辞ほど，生徒は学習しやすいと思われます。

表1　接辞の習得順位（Mochizuki & Aizawa, 2000）

順位	1	2	3	4	5	6	7	8	9
接頭辞	re-	un-	pre-	non-	anti-	semi-	ex-	en-	post-
接尾辞	-ation	-ful	-ment	-ist	-er	-ize	-al	-ly	-ous

Ⅱ-3. 発展のための実践例
【実践例19】

多義語の整理

| 対象 | 小学校 | 中学校 | 高校 | 大学 |

目的…………多義語の意味を整理して定着させる
キーワード……多義語　語義　例文
準備時間………20分　　　活動時間………15分
準備するもの…復習用プリント

※ 教師の悩み ※

　高校になると，既習の単語でも最初に覚えた意味とは違った意味で使われた単語を目にする機会が増えてきます。生徒は既習語が初めて出会ったときと違う意味で使われていることに気づかず，覚えている意味で無理に訳そうとします。基本語の多くには複数の意味があり，文脈によって意味が決まることに気づかせるには，どうしたらよいでしょうか。

※ ここで一工夫 ※

　単語は，通常，最初に覚えた意味で記憶されています。そのため，どんな文脈で出会っても，最初に覚えた意味がまず頭に浮かびます。しかし，基本語の多くは，中核的な意味から周辺的な意味まで広がりがあります。どの意味になるかは，使われている文脈によって決まります。
　ここでは，与えられた複数の語義から，文の中での多義語の意味を選ばせる練習をします。この活動は，英和辞書や英英辞典を引いて，語義の中から適切な意味を選び出すプロセスと似ています。辞書を引いて，最初の意味だけを読み取るのではなくて，丹念に文脈に合う意味を読み取る習慣を身につけさせるように工夫しましょう。

※ 指導の準備・授業展開 ※

| Step 1 | Step 2 | 解説 |

最初に life を例にして導入します。例えば，『ジーニアス英和辞典』には，原義が「生命，存在」とあり，名詞としての語義が11あります。まずこの原義が中核的な意味である点を理解させましょう。さらに，文脈によって使われる意味が少しずつ異なることに気づかせます。

辞書で life の意味を調べて，次の例文で最も適当な意味を解答欄に書き入れなさい。

	例文	解答欄
1	Careful use can increase the life of your computer.	
2	A seatbelt could save your life.	
3	Is there life on the moon?	
4	I want to spend the rest of my life with him.	
5	We talked about how to enjoy our school life.	
6	The time I spent in New York was full of life.	

［解答例］1. 寿命，耐用年数　2. 命　3. 生物　4. 一生　5. 生活　6. 活力

| Step 1 | Step 2 | 解説 |

Genius I の教科書には，以下の単語が新出語として導入されています。教科書の学習が終了した時点で，これらの単語に複数の重要な意味があることを気づかせましょう。

affect, associate, company, distinct, figure

3．発展のための実践例　109

以下の(1)から(3)の文の下線部の単語は，(a)から(c)のどの意味で用いられていますか。正しい意味を選び，記号で答えましょう。

1. affect　　(a) 影響を与える　(b) 冒す　(c) 感動させる
　　(1) The heavy snowfall <u>affected</u> prices of the product.　　(　)
　　(2) We were deeply <u>affected</u> by his performance.　　(　)
　　(3) My son was badly <u>affected</u> by stomach cancer.　　(　)

2. associate　　(a) 連想する　(b) 交際する　(c) 提携する
　　(1) We <u>associate</u> London with Big Ben.　　(　)
　　(2) We have been <u>associating</u> with some British companies.　(　)
　　(3) Don't <u>associate</u> with such people.　　(　)

3. company　　(a) 一緒にいること　(b) 会社　(c) 一団
　　(1) He works for a life insurance <u>company</u>.　　(　)
　　(2) We had to guide a <u>company</u> of American businessmen.　(　)
　　(3) I can't stand his <u>company</u>.　　(　)

4. people　　(a) 人々　(b) 世間の人々　(c) 国民
　　(1) How many <u>people</u> are there in this room?　　(　)
　　(2) I do not care what <u>people</u> think of me.　　(　)
　　(3) The government of the <u>people</u>, by the people, for the people shall not perish from the earth.　　(　)

5. figure　　(a) 数字　(b) 図　(c) 模様
　　(1) I don't like the <u>figure</u> in the carpet.　　(　)
　　(2) The note refers to <u>Figure</u> 6.　　(　)
　　(3) He corrected the <u>figure</u> in the table.　　(　)

[解答例] 1. (1) a　(2) c　(3) b　　2. (1) a　(2) c　(3) b
　　　　 3. (1) b　(2) c　(3) a　　4. (1) a　(2) b　(3) c
　　　　 5. (1) c　(2) b　(3) a

※ バリエーション ※
　この練習に慣れたら，選択肢の語義を英語で与えます。この活動は，英英辞典を使い始めるための準備にもなります。

以下の(1)から(3)の文の下線部の単語は，(a)から(c)のどの意味で用いられていますか。正しい意味を選び，記号で答えましょう。

1. miss　(a) be unable to catch ～
　　　　(b) discover that ～ is gone
　　　　(c) feel unhappy because ～ is gone
　(1) He got up so late that he <u>missed</u> his usual train.　　（　）
　(2) I had not <u>missed</u> the key till I got home.　　（　）
　(3) We will <u>miss</u> you badly when you are gone.　　（　）

2. turn　(a) move in a circle
　　　　(b) change direction
　　　　(c) change
　(1) Ice <u>turns</u> into water when it gets warm.　　（　）
　(2) The river <u>turns</u> south after flowing under the bridge.　　（　）
　(3) The earth <u>turns</u> round the sun.　　（　）

［解答例］ 1. (1) a　(2) b　(3) c　2. (1) c　(2) b　(3) a

　　Step 1　　　　Step 2　　　　解説

　多義語の習得は時間がかかります。中核的な意味を最初に覚えた場合，その意味から周辺的な意味を演繹的に導くことができるかもしれません。しかし，中核的な意味とかけ離れた意味の場合には，はっきり違う意味として覚えさせた方がよいでしょう。そのような場合，最初から複数の意味を提示するのではなく，徐々に教えていくことが大切です。

3．発展のための実践例

Ⅱ-3．発展のための実践例
【実践例20】
同義語・反意語を使った単語間のネットワーク構築

対象………… | 小学校 | 中学校 | **高　校** | 大　学 |
目的……………同義語・反意語を定着させる
キーワード……同義語　反意語　定着
準備時間………20分 ◐
活動時間………5分 ◐
準備するもの…教科書，プリント

※ 教師の悩み ※

　ある単語と他の単語との関係（ここでは同義語・反意語）を理解できていない生徒が多いようです。そのため，英語を話したり書いたりする際に同じ単語ばかりを使用してしまったり，聞いたり読んだりする際に2つの異なる単語が同じものを表していることに気がつかなかったりする傾向があります。さまざまな単語を頭の中で結びつけさせて，豊かな表現力を身につけさせたいと思っていますが，良い方法が思いつきません。

※ ここで一工夫 ※

　同義語と反意語を同時に習得させ，語彙のネットワークを発達させていきましょう。ネットワークを形成するためには，すでに生徒が知っている単語を使うことが重要です。

※ **指導の準備・授業展開** ※

Prep 1 / Prep 2 / Step / 解説

　教科書の各課が終わった段階で，その課の本文で出てきた単語のうち同義語がある単語を選びます。例えば，*Genius I*, Lesson 10からであれば multiple, gradually, start(ing), actual, later, happy, big(ger) などを選ぶことができます。この際，反意語があり，かつ生徒がその反意語をすでに習得していると思われる単語を選びます。さらに，その反意語は語根が異なる語の方が望ましいでしょう。例えば，この課には happy が出てきますが，反意語には語根が同じ unhappy があります。このような反意語は接辞の知識を教えるときに扱い（⇨実践例16），今回は語根が異なる単語を選びます。

Prep 1 / **Prep 2** / Step / 解説

　Prep 1で選んだ単語について，同義語と反意語を1語ずつ選びます。ここでの同義語は全く同じ意味の単語ではなく，意味が似た単語でかまいません。反意語もおおよそ反対の意味の単語でよいでしょう。この際，類義語辞典を使用すると選ぶ作業が楽になります。また，選んだ同義語・反意語が既習語かどうかを，教科書の巻末リストであらかじめ確認しておきます。今回は以下のような同義語と反意語を選びました。

Prep 1で選んだ語	同義語	反意語
multiple	many	one
gradually	slowly	suddenly
start(ing)	begin(ning)	end(ing)
actual	real	false
later	after	before

happy	glad	sad
big(ger)	large(r)	small(er)

　上で選んだ単語を下のようにプリントに並べます。Prep 1 で選んだ単語とその同義語のうち，より難しい単語を左端に並べ，より易しい単語と反意語をその右側にランダムな順番で並べます。どちらの単語の方が難しいのかが分からない場合には，JACET8000のような語彙表の頻度を参照し，より頻度の低い単語を左端に並べるとよいでしょう。もしくは，焦点を当てたい単語を左端に並べることもできます。

左側に書かれている単語と似た意味の単語を，右側に書かれている2つの単語のうちから選び，丸をつけなさい。

1. multiple　　　　one　　　many
2. gradually　　　slowly　　suddenly
3. start　　　　　begin　　　end
4. actual　　　　　false　　　real
5. later　　　　　after　　　before
6. glad　　　　　happy　　　sad
7. large　　　　　small　　　big

［解答］1. many　2. slowly　3. begin　4. real　5. after　6. happy　7. big

Prep 1　Prep 2　**Step**　解説

　上記のプリントを生徒に配布し，左側に書かれている単語と異なる意味の単語を，右側に書かれている2つの単語のうちから選んで丸を付けていくように指示します。

　答え合わせは，教員が1つずつ答えを読み上げてもよいですし，生徒に類義語辞典を使わせて，宿題として自分で答え合わせをしてくるような課題をさせてもよいでしょう。その場合は，辞書指導を行った後に辞書を使用する活動として実施することもできます（⇨実践例25, 26, 27）。

❀ バリエーション ❀

(1) 生徒の習得語彙数が少ないときには，Prep 2 で作成するプリントを以下のような形式にすることもできます。つまり，1 語ごとに選択肢を作成するのではなく，問題全体に対して選択肢を作成しておくことで，全体で選択肢にする単語数が減り，選択肢を作りやすくなります。選択肢には問題数より多くの数の単語を同じ課から抜き出して書いておくと，生徒が正答を推測できる可能性が少なくなるため，より難しい問題を作ることができます。

それぞれの単語と似た意味の単語を，下の四角の中に書かれている単語のうちから選び，カッコの中にその単語を書き入れなさい。

1. multiple　（　　　　　）　2. gradually　（　　　　　）
3. start　　　（　　　　　）　4. actual　　 （　　　　　）
5. later　　　（　　　　　）　6. glad　　　 （　　　　　）
7. large　　　（　　　　　）

ability	after	always	begin	big	funny
glad	happy	many	real	slowly	

［解答］1. many　2. slowly　3. begin　4. real　5. after　6. happy　7. big

(2) 生徒の習得語彙数が多いときには，Prep 2 で選ぶ同義語を 2 語ずつにして，以下の例のように同義語 2 語，反意語 1 語のうちどれが同義語なのかを選ばせることもできます。

左側に書かれている単語と似た意味の単語を，右側に書かれている 3 つの単語のうちから 2 つ選び，丸をつけなさい。

1. multiple　　　　one　　　many　　　various
2. glad　　　　　 happy　　sad　　　 pleased
3. large　　　　　small　　 big　　　　huge

［解答］1. many, various　2. happy, pleased　3. big, huge

3．発展のための実践例

(3) 反意語が2つ以上ある単語の場合には上の(2)をさらに発展させて，Prep 2で反意語を2つ，同義語を1つ選んでおき，同義語を選んで丸を付けるように指示することもできます。もしくは，反意語を2つ選ぶように指示することもできます。

(4) 上の(3)をさらに発展させ，単語によって，同義語を1語または2語選ぶ形式に変えることもできます。例えば以下のようなプリントを作成します。これは(2)のプリントの various を single に変え，huge を tiny に変えたものです。問題によって答えの数が異なるため，難易度が上がります。

> 左側に書かれている単語と似た意味の単語を，右側に書かれている3つの単語のうちから選び，丸をつけなさい。ただし，問題によって似た意味の単語が1語の場合もありますし，2語の場合もあります。
>
> 1. multiple　　　　one　　　many　　　single
> 2. glad　　　　　　happy　　sad　　　　pleased
> 3. large　　　　　 small　　 big　　　　tiny

［解答］1. many　2. happy, pleased　3. big

(5) ここで紹介した活動は教科書の本文で出てくる単語を使っていますが，JACET8000のような語彙表を使って，生徒のレベルにあったプリントを作成することができます。実践例36, 37に掲載されている語彙サイズテストなどの結果によって生徒の語彙サイズが分かっているのであれば，教科書の単元にこだわらずに，すでに生徒が知っている単語から同義語・反意語を選ぶことができるでしょう。例えば，生徒の語彙サイズが2500語の場合，JACET8000の Excel シートなどを利用すれば（⇨ Tip 3），2500語までの単語の中から選んで自由にプリントを作成できます。

| Prep 1 | Prep 2 | Step | 解説 |

　この実践例ではすでに意味を学習した単語を互いに結びつけて，ネットワークを作ることをねらっています。単語の定義を覚えるためには，すでに頭の中に持っている情報と新しい情報を結びつける必要があるのですが，結びつきがたくさんあればあるほど単語をよりよく覚えることができると言われています（Stahl & Nagy, 2006）。例えば，examination という単語を覚えるときには，「test と同義語である」という知識と結びつけることができれば，より容易に覚えられると考えられます。

　この活動を行う上で大事なことは，プリントに載せる単語はすべて，生徒が既習の単語を使うことです。特に反意語を扱う場合には生徒が知っている単語を使う必要があります。なぜなら，反意語が両方とも知らない語である場合には，right を「左」，left を「右」だと考えてしまうように，意味を混同してしまう可能性があるためです。

II-3. 発展のための実践例
【実践例21】
コロケーションを使った単語間のネットワーク構築

対象：………… 小学校 | 中学校 | **高校** | **大学**
目的：………… 教科書各課に出てきたコロケーションを定着させる
キーワード：…… コロケーション　新出語　定着
準備時間：……… 20分　　　活動時間：……… 5分
準備するもの：… 教科書，プリント2種類

※ 教師の悩み ※

1つ1つの単語は覚えていても，その単語がどのような単語と一緒に使われることが多いのか（コロケーション）については定着できていない生徒が多いようです。しかし，少なくとも教科書で出てきたコロケーションは生徒に定着させたいと思っています。

※ ここで一工夫 ※

覚えさせたいコロケーションのうち1語を空欄にして埋めさせる活動をしてみましょう。少しでも授業での活動時間を短くするため，ペアで簡単に答え合わせができるように互いの答えがわかるプリントを2種類用意しておきます。また，新出語が含まれていないコロケーションであっても（例：catch a cold「風邪をひく」），生徒はその2つの単語を結びつけて覚えてはいないかもしれないため，新出語が含まれるコロケーション，含まれないコロケーションの両方を扱うとよいでしょう。

※ 指導の準備・授業展開 ※

Prep 1

　1つの課が終わった段階で，その課に出てきたコロケーションを選びます。この際，コロケーションを成す単語はその課の新出語が含まれていても，含まれていなくてもよいでしょう。例えば，以下のようなコロケーションを選ぶことができます（*Genius I*, Lesson 7より。下線部の語はこの課での新出語を示しています）。この際，さまざまな品詞から成るコロケーションが混在していてもかまいません。例えば，「形容詞＋名詞」のコロケーションのみではなく，「動詞＋名詞」，「名詞＋名詞」のコロケーションなどが含まれていても特に問題ありません。

child labor	bad condition	catch a cold
gain attention	low pay	have a fever
developed country	basic right	keep one's promise

Prep 2

　Prep 1で選んだコロケーションを用いて，次頁のような2種類のプリントを作成します。コロケーションを成す単語のうち1語分を空欄にし，空欄にした単語を選択肢として下部にまとめて記入しておきます。

　左側と右側のプリントは同じコロケーションを使って作成されていますが，空欄にしてある単語が異なります。ペアで1組ずつ使用するため，それぞれのプリントを，生徒の人数の半分ずつ用意しておきましょう。

Step 1

　教師は生徒が座っている列ごとに異なるプリントを配布します。例えば，1，3，5列目には左側のプリント，2，4，6列目には右側のプリントを配布します。生徒に，プリント下部にある単語の中から1語ず

3．発展のための実践例　119

[プリント例]

```
1. (          ) pay
2. developed (       )
3. bad (       )
4. gain (       )
5. (          ) a cold
6. keep one's (       )
7. (          ) right
8. have a (       )
9. child (       )
```
condition labor fever basic
promise country low catch
attention

```
1. low (          )
2. (          ) country
3. (          ) condition
4. (          ) attention
5. catch a (          )
6. (          ) one's promise
7. basic (          )
8. (          ) a fever
9. (          ) labor
```
keep bad cold pay have
child pay developed gain

つを選び，教科書に出てきた表現になるようなコロケーションを作るよう指示します。教員は生徒が解答している間に机間巡視し，正答率が低そうな場合には，それぞれのコロケーションの意味を口頭で伝えることもできるでしょう。例えば「1. 安い賃金，2. 先進国」などです。

| Prep 1 | Prep 2 | Step 1 | **Step 2** | 解説 |

　生徒の解答が終わったら，生徒にペアを組ませて答え合わせをさせます。隣同士の生徒をペアにすれば左のプリントと右のプリントを持っている生徒同士がペアになり，お互いの答えがプリントに書かれているため，教師が答えを言う必要はありません。

※ バリエーション ※
(1) 英語が苦手な学生を対象にしている場合には，Prep 2のプリントにあらかじめコロケーションの意味を記入しておいてもよいでしょう。
(2) プリントにはコロケーションのみを記入しておくのではなく，以下

のようにコロケーションが現れた文も一緒に記入しておくこともできます。ただし，この場合には選択肢の単語を適宜複数形にするなどの指示をしておくことも必要です。例えば，以下の例では3のcountry を countries に，6のright を rights に，7のcatch を catches に変えて空欄を埋める必要があります。そのため，単語の形を変える場合もあることを生徒に指示しておくとよいでしょう。

- ₁Child (　　　　　), which is a serious human rights problem, does not usually ₂gain (　　　　　) if people are living in ₃developed (　　　　　).
- Children continue to be forced to work under ₄bad (　　　　　): ₅(　　　　　) pay, long working hours, no health care and improper food or homes.
- They live without ₆basic (　　　　　) such as education, proper growth and development.
- As a result, she often ₇(　　　　　) a cold and ₈has a (　　　　　).
- Mina's father thinks the companies will not ₉keep their (　　　　　) to take the children back after they complete the required education.

| attention | catch | condition | country | fever |
| labor | low | promise | right | |

［解答］1. labor 2. attention 3. countries 4. condition 5. low 6. rights 7. catches 8. fever 9. promise

解説

Prep 1 / Prep 2 / Step 1 / Step 2 / **解説**

単語を覚える際には1語ずつの学習になりがちなので，2語以上の表現を定着させることにより，ライティング・スピーキング活動でも使用できる表現を身につけることができます。また，新出語とすでに知っている語から成るコロケーションの場合には，basic を忘れてしまったとしても，basic right のように頭の中で basic と right が結びついていると，right が手がかりとなって basic が思い起しやすくなります。

3．発展のための実践例

II-4. 予習・復習の指導例
【実践例22】
予習プリントに使える課題
(予習ポイントの明示)

対象……………| 小学校 | 中学校 | 高 校 | 大 学 |
目的……………家庭学習の習慣を付け,学習すべき語句に注目させる
キーワード……形と意味の結びつき　辞書指導　文脈からの類推
準備時間………30分程度 ◐
活動時間………10分～20分 ◔（教室外の学習）

※ 教師の悩み ※

高校で予習を前提とした授業を行っています。意味の分からない単語は調べてくるように指導しているのですが,辞書を引くのが面倒だと言って調べてこない生徒が数多くいます。調べてきても,文脈を無視して辞書の最初にある訳を写すだけで終わりにする生徒もいます。何か効果的に単語の予習をさせる方法はないでしょうか。

※ ここで一工夫 ※

初見の英文を読み,意味の分からない単語を特定し,さらに辞書を引いてその意味を確認することは,生徒にとって負担の大きい作業です。そこで簡単な予習プリントを作成し,生徒の負担を軽減してはどうでしょうか。プリントで取り上げるのは,教科書の内容理解のために重要な語句か,高頻度語に限ります。「内容理解の補助」および「綴りと意味のつながり」を目的とし,ポイントを絞った簡潔なプリントを作成するようにしましょう。

※ 指導の準備・授業展開 ※

以下はプリントに載せる課題例です。このプリントは，学習してもらいたい語句に着目させ，内容理解の補助となることをねらっています。適宜組み合わせたり，改編したりして使用してください。

| Case 1 | Case 2 | Case 3 | 解説 |

■語（句）訳選択

生徒に覚えさせたい語の意味を日本語，もしくは簡単な英語による言い換えで複数与えて正しい語義を選ばせます。選択肢は２択で十分ですが，習熟度に応じて増やしてもかまいません。

【日本語の場合】

> 下の(1)～(3)の訳として，ア，イのうちから正しいものを選びなさい。
>
> 　　In the early morning of January 17, 1995, the Great Hanshin-Awaji (1)<u>Earthquake</u> struck the Kyoto-Osaka-Kobe area. Over 6,000 people died and more than 43,000 (2)<u>were injured</u>. There were many non-Japanese (3)<u>victims</u> as well as Japanese victims. 　　(*Genius I*, Lesson 5)
>
> 　(1)　ア．地震　　イ．交通事故　　(2)　ア．死んだ　　イ．怪我をした
> 　(3)　ア．犠牲者　イ．犯罪者

［解答］(1) ア　(2) イ　(3) ア

【英語での言い換えの場合】

> 下の (1)，(2) に意味が近い語を，ア，イのうちから１つ選びなさい。
>
> 　　The majority of all soccer balls are made in Pakistan, mostly in the Sialkot (1)<u>region</u>. For years, many children have spent their days working on balls without going to school. What they receive for this is about 60 cents per ball. It is good pay in the area. Parents don't want to give up the (2)<u>income</u> to send their children to school. 　　(*Genius I*, Lesson 7)
>
> 　(1)　ア．land　　イ．sea　　(2)　ア．school　　イ．money

［解答］(1) ア　(2) イ

| Case 1 | **Case 2** | Case 3 | 解説 |

■イディオム・コロケーション抜き出し

　注目させたいイディオム，コロケーションを文中から抜き出させます。語数を指定したり，頭文字を示したりすると取り組みやすくなります。覚えさせたい表現を含む文全体を抜き出させてもよいでしょう。

下の(1)～(4)に相当する表現を本文から抜き出しなさい。

　Do you do anything good for your health? No? Then, you should do some exercise.

　There are many ways to stay fit. For example, I ride my bicycle to school. Dancing, swimming, running—anything will do. Just walking fast is fine, too. Let's exercise and feel good!　　　　(*Genius I*, Lesson 5)

(1) 運動をする（3語）（　　　　）some（　　　　　）
(2) 体調を保つ（2語）（s　　　　）（f　　　　）
(3) 例えば（2語）（　　　　）（e　　　　　）
(4) なんだっていいのです。（3語）
　　（a　　　　）（　　　　）（d　　　　）.

[解答]　(1) do, exercise　(2) stay fit　(3) for example　(4) anything will do

| Case 1 | Case 2 | **Case 3** | 解説 |

■訳文選択

　イディオムの中には，構成要素からはその意味が推測しにくい，いわゆる「不透明なイディオム」があります。そのような場合に起こりがちな誤訳と，正しい訳を与え，正しい訳を選ばせます。文脈から判断して自然な方を選ばせるように指導しましょう。

　知っている単語なのに，どうもうまく意味がとれない場合は，イディオムなどで違った意味になっている可能性があることを教えます。そのような場合は面倒がらずに辞書を引かせましょう。紙辞書であれば，中心となる単語に着目して引かせます。上の例であれば，throw を引かせ

るようにします。電子辞書であれば，成句検索や例文検索を使い，throw&upと打ち込ませて調べるように指導するとよいでしょう。

下線部の日本語訳として正しい方をア，イから選びなさい。

　When I was in elementary school, a new violin teacher, Roberta Guaspari, came to our school. She taught us violin in a special class, and she was very strict.

　At first, we sounded terrible. Roberta yelled, "You sound terrible. Your parents are going to throw up!" When we tried hard, Roberta said, "That's wonderful! Your parents will clap for 10 minutes.　　（*Captain I*, Reading）

　ア．「ひどい音ね！ご両親が聞いたら投げちゃうわよ」
　イ．「ひどい音ね！ご両親が聞いたら吐いちゃうわよ」

［解答］イ

Case 1 ＼ Case 2 ＼ Case 3 ＼ 解説

　学習者の語彙力を伸ばすためには，語彙そのものに注意を向けさせる必要があります。

　生徒には，まず学習すべき高頻度語に注目させましょう。高頻度語を習得することで読解力が向上します。テキストの95〜98％の単語が理解できれば，文脈から未知語の意味を類推することも可能になります。高頻度語の習得こそが自律した学習者になる第一歩です。

　したがって，中学生，高校生に対しては教科書を通じて意図的に高頻度語を学習させる必要があります。予習プリントを通じて，内容理解を助け，学習すべき高頻度語を生徒に定着させるようにしましょう。

Ⅱ-4．予習・復習の指導例
【実践例23】
復習プリントに使える課題
(復習ポイントの明示)

対象・・・・・・・・・・・・ | 小学校 | 中学校 | 高 校 | 大 学 |
目的・・・・・・・・・・・・家庭学習の習慣を付け，既習語の定着を図る
キーワード・・・・・・反復学習　復習のバリエーション
　　　　　　　　受容・発表語彙
準備時間・・・・・・・・30分程度　◐
活動時間・・・・・・・・10分～30分　◐（教室外の学習）

❀ 教師の悩み ❀

　学習者に語彙知識を定着させるためには，異なる文脈の中で同じ単語に繰り返し触れさせる必要があります。しかし授業では，生徒に同じ単語を繰り返し学習させる時間的な余裕がありません。どうしたらよいでしょうか。

❀ ここで一工夫 ❀

　復習プリントを作成し，その日に導入した単語を繰り返し学習させましょう。プリントで取り上げ，意識的に学習をさせる語は高頻度語に限ります。まずは「音―意味―綴り」のつながりを強化するような課題を取り入れ，その単語を再び見たり聞いたりしたときに理解できるようにします。さらに，基礎的コミュニケーションに必要な高頻度語に関しては，話したり書いたりできるようにするための課題を取り入れましょう。JACET8000などの語彙表を参考にして，最上位の2000語は発表語彙にするような課題を，それ以降4000語までは受容語彙にするような課題を考えるとよいでしょう。

※ 指導の準備・授業展開 ※

以下はプリントに載せる課題例です。学習する単語の性質に応じて適宜組み合わせたり，改編したりして使用してください。

| Case 1 | Case 2 | 解説 |

[受容語彙にするための課題]
■グループ分け，分類

既習語からある条件に当てはまるものを抜き出させたり，分類させたりします。答えをペアで確認，相談させるのもよいでしょう。教科書の各課は1つのテーマに沿って展開されていることが多いので，1つの課が終了した時点で行うと効果的です。

下の各条件に当てはまる単語を選択肢から抜き出しなさい。
 (1) 料理中の動作　（　　　　　　　　　　　　　　　　　　）
 (2) 目に見えるもの　（　　　　　　　　　　　　　　　　　　）

［選択肢］boil, brilliant, drain, flavor, package, peel, plate, pot, recipe, salt, seed, slice, squeeze, tender

---

［解答］(1) boil, drain, squeeze, peel, slice　(2) salt, pot, seed, package, plate, recipe

上記の分類は教科書に出てきた意味に基づいて行います。実際にはpot「つぼに保存する」，flavor「味付けをする」，plate「皿に盛りつける」，seed「種を取り除く」などは，料理中の動作にも分類できます。

■連想（3つのヒント）

関連する3つの単語から，目標語を選ばせます。関連する語が数多くイメージできる基本語や，多くの下位語を持つ上位語などがこの課題に向いています。

> 3つのヒントから連想される語を選択肢から選んで入れなさい。
>
> (1) ヒント：food, cook, restaurant （　　　　　）
> (2) ヒント：newspaper, the Internet, TV （　　　　　）
>
> ［選択肢］best-selling, chef, cookbook, media, naked, treat, typical

［解答］(1) chef　(2) media

■ペア作成

AのペアとBのペアが同じ関係になるように空所に適語を入れさせます。すでに示してある語は既習語が望ましいでしょう。品詞などの理解が進んだ高校生以上に効果的な課題です。

> Bの語のペアが，Aの語のペアと同じ関係になるよう，空所に適語を書き入れなさい。
>
> (1) A old　　　- new　　　　B (　　　　　) - modern
> (2) A impress - impression　B express　 - (　　　　　)
> (3) A sing　　- sung　　　　B hide　　　- (　　　　　)

［解答］(1) ancient　(2) expression　(3) hidden

■単語と定義のマッチング

LDOCE, *OALD* など，高頻度語のみで単語を定義している学習者用英英辞典から定義を抜き出し，それに合う単語を選ばせます。使用する単語は抽象語より具体的な語の方がよいでしょう。高校生以上向けの課題です。

> 下の選択肢から空所に入る単語を選んで入れなさい。
>
> (1) A (　　　　　) is a person who is attacked, injured or killed as the result of a crime, a disease, an accident, etc.
> (2) A (　　　　　) is a business group that makes money by producing or selling goods or services.
>
> ［選択肢］class, club, company, doctor, soldier, victim

［解答］(1) victim　(2) company

| Case 1 | Case 2 | 解説 |

[発表語彙にするための課題]
■コロケーションの正誤判断
　既習語の中から発表語彙にしたい高頻度の単語を取り上げ，どのような語と結びつくか，または結びつかないかを判断させます。日本語からの類推で間違いやすい結びつき（*play swimming など）を意識的に取り上げるとよいでしょう。正答数を示すなどのヒントを与えると取り組みやすくなります。

文中の空所に入れて正しい英文になる語には○を，ならない語には×を，それぞれ（　）に書き入れなさい。
(1) Let's play (　　　　　). （○は4つ）
　　baseball (　) soccer (　) swimming (　) skiing (　)
　　skating (　) the video game (　) judo (　)
　　the piano (　)
(2) He has a successful (　　　　　). （○は4つ）
　　business (　) career (　) damage (　) failure (　)
　　future (　) plan (　)

［解答］(1) ○は baseball, soccer, the video game, the piano
　　　　(2) ○は business, career, future, plan

■例文（定義）作成
　発表語彙にしたい高頻度の語（句）を使って例文を作成させる課題です。学習者個人のことを書かせると定着が促進されます。内容によって初級者から上級者まで幅広く使用できる課題です。高校レベルであれば，英英辞典の指導などと関連させて，目標語を簡単な英語で定義させるのもよいでしょう。

［課題例1］
自分が朝起きてから学校に来るまでの行動を英語で書きなさい。ただしget up, breakfast, leave の3つの語句を必ず使うこと。

［課題例２］
修学旅行の思い出を５文以上の英語で書きなさい。ただし，see, go, eat という動詞を正しい形にして必ず使うこと。

［課題例３］
例にならって次の単語を英語で説明しなさい。ただし，説明文には（ ）内の語を必ず使うこと。
  （例） A firefighter (put out, fire)
     A firefighter is a person whose job is to put out fires.
  (1) A doctor (treat, sick)
  (2) A camera (machine, which)

［解答］［課題例１・２］は省略
  ［課題例３］(1) A doctor is a person whose job is to *treat sick* people.
        (2) A camera is a *machine which* is used to take pictures.

■セマンティック・マッピング

下の図の要領で，目標語から連想される語をできるだけたくさん書かせます。前回の授業で学習したキーワードなどを取り上げると，内容面での復習にもなります。

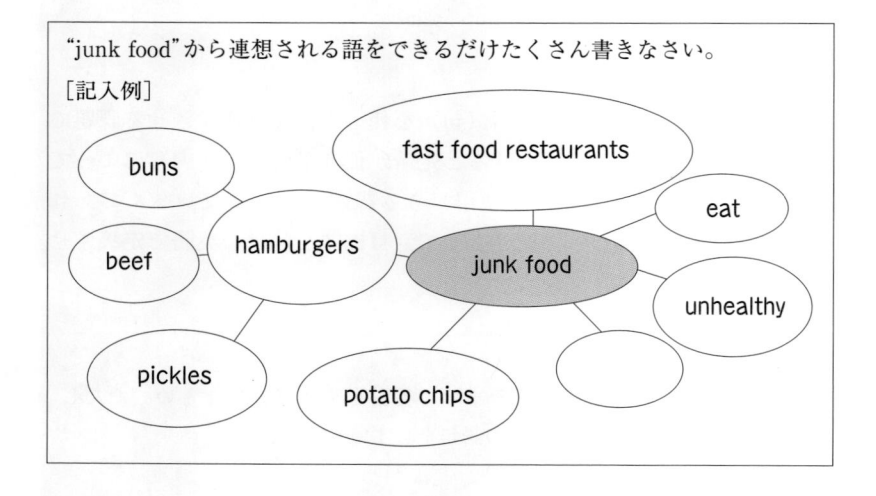

"junk food"から連想される語をできるだけたくさん書きなさい。
［記入例］

- fast food restaurants
- buns
- beef
- hamburgers
- pickles
- potato chips
- junk food
- eat
- unhealthy

■文章再現

　すでに授業で読ませた文章を取り上げ，定着させたい語句の部分を空白にして，生徒に穴埋めをさせます。教科書を見ないで解答するように指示します。

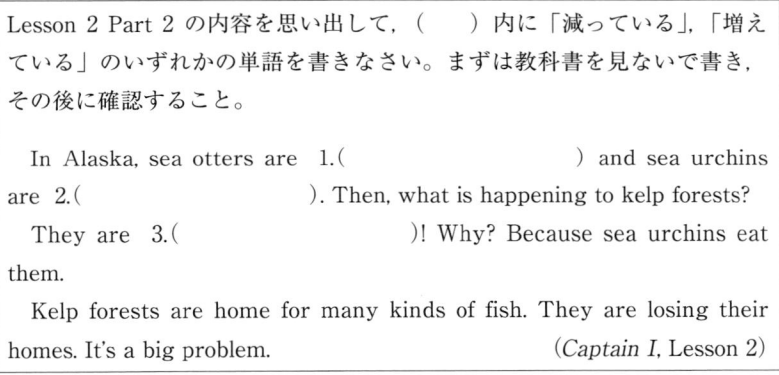

Lesson 2 Part 2 の内容を思い出して，（　　）内に「減っている」，「増えている」のいずれかの単語を書きなさい。まずは教科書を見ないで書き，その後に確認すること。

　In Alaska, sea otters are　1.(　　　　　　　　) and sea urchins are　2.(　　　　　　　　). Then, what is happening to kelp forests?
　They are　3.(　　　　　　　　)! Why? Because sea urchins eat them.
　Kelp forests are home for many kinds of fish. They are losing their homes. It's a big problem.　　　　　　　　　(*Captain I*, Lesson 2)

［解答］1. decreasing　2. increasing　3. decreasing

　文章中のいくつかのキーワードだけを示し，文章を再現させるとさらに高度な課題になります。この場合，教科書通りに書かなくてもよいことを生徒に伝えます。文章が長い場合は，要約を書かせるのもよいでしょう。

下の（　　）内の語句を使って，Lesson 2 Part 2 の内容を，教科書を見ずに英語で書きなさい。教科書と同じ文章にならなくてもかまいません。
(Alaska, sea otters, sea urchins, kelp forests, home, fish)

| Case 1 | Case 2 | 解説 |

　Nation (2008) では，語彙習得には 4 つの領域があると説明しています（⇨ p.251 文献案内）。

1. 意味中心のインプット

4．予習・復習の指導例

2．意味中心のアウトプット
3．言語に焦点を当てた学習
4．流暢さの伸長

　すなわち，意味あるメッセージのやりとり（領域1，2）を通して語彙知識を獲得し，時には語彙知識そのものに焦点を当てて意図的に学習し（領域3），さらに4技能の活動を通して知識の定着を図っていく（領域4），ということです。

　しかし英語が第二言語ではない日本においては，生徒が教室外で領域1，2，4のプロセスを体験することはあまり期待できません。よって，教室内ではペアワークやグループワークをふんだんに取り入れて，生徒に「意味中心のやりとり」を体験させたり，学んだことをよどみなく使えるように流暢さを伸ばしたりする必要があります。そして上記の領域3にあたる「言語に焦点を当てた活動（語彙知識の定着）」のために，復習プリントを作成します。教室内では生徒に単語を使わせる時間を確保し，教室外で語彙知識の定着を促すために，うまく復習プリントを活用したいものです。

Ⅱ-4. 予習・復習の指導例
【実践例24】
単語ノートの作成と活用
(単語の文脈学習)

対象	小学校	中学校	高校	大学

目的…………新出語の知識をより深め，定着させる
キーワード……単語ノート　文脈学習　ネットワーク構築
準備時間………10分
活動時間………20分程度（教室外の予習・復習）
準備するもの…B6判のノート

❀ 教師の悩み ❀

　単語集などで英単語と日本語訳を覚えても，単語が文中でどのように使われるのか理解していない生徒が多いようです。これでは，いくら覚えても，実際にコミュニケーションで役立つ語彙力になるとは思えません。教科書を中心に，単語をもっと文脈の中で学習させたいのですが，どのように指導したらよいでしょうか。

❀ ここで一工夫 ❀

　語彙を習得するためには，さまざまな文脈で目標語に出会う必要があります。教科書を中心に，副教材や辞書等で出てきた目標語を含む文を生徒に収集させます。単語カードではスペースが狭いので，単語ノートに収集します。単語ノートにはその他，目標語の品詞，意味，類義語，反意語などの情報も記入します。同じ語根を持つ語は，単語ノートの同じページに記入することで，同じ語根を持つ語同士の結びつきを強化し，接辞の知識を発達させます。また，自分自身の単語ノートを作ることで，自律的な学習者を育てます (Murray & Kojima, 2007)。

※ 指導の準備・授業展開 ※

　教科書にはトピックに特有の，頻度の低い単語も含まれます。高頻度語は繰り返し使われる重要な語であるため，時間と労力をかけて単語ノートに記入する価値があります。教師は，教科書の単元で新出する語彙の頻度を，JACET8000等の語彙表で確認しておきます。JACET8000のレベル3（高校の教科書やセンター試験レベル）までの高頻度語は，しっかり定着させたいので，単語ノートに記入させるのが適切です。ここで扱った教材例 (*Genius I*, Lesson 1) では，practice, regular, salary, performance, competition, attract, connection, directly, react などの語がレベル3以内の語に該当しました。

　また，同じ語根を持つ単語は同じページに記入させるため，教科書巻末の単語リストを参照し，新出語と同じ語根を持つ単語が既習されていないかをチェックします。

Step 1 ＼ Step 2 ＼ Step 3 ＼ Step 4 ＼ 解説

■単語ノートの準備

　生徒に，単語専用のノートを準備させます。B6判のノートが持ち運びに便利です。ノートのページ上部に，Lesson 名と教科書のページ数を記入します。ノートを見開きにしたときの左のページを3つに分割し，項目名を「チェック」「単語」，「品詞・意味」とします。右のページの項目名は「例文」とします。

Lesson 1 （pp.8-14）

チェック	単語	品詞・意味	例文

■予習

　次回扱う単元に出てくる単語の中で，新出語やそれぞれの生徒にとっての未定着語を単語ノートに記入させます。予習では，「単語」と「品

詞・意味」欄のみを記入します。教師は，教科書の新出語から，単語ノートに記入するのが望まれる単語を指示します。指示する語は，JACET8000などの語彙表を参考に，事前に準備した高頻度語です。生徒は，教科書を一読し，教師から指示された単語や自分にとってまだ定着していない単語を，単語ノートの「単語」欄に1行1単語ずつ記入します。このとき，後から情報を追記できるように，単語と単語の間隔は数行空けておきます。

　次に，生徒はノートに記入した単語を辞書で調べ，教科書の文脈に合う単語の品詞と意味を「品詞・意味」欄に記入します。単語欄には，アクセントや発音に関する情報も記入します。発音記号を書くことが難しい場合は，アクセント記号のみでもよいでしょう。品詞は，（名）で名詞，（自）で自動詞など，略記にします。教師が指示した単語については，教師側から品詞を教えると，生徒は取り組みやすくなります。辞書には，単語の意味がたくさん並んでいますが，多くの学習辞書では重要な意味がハイライトされていますので，それらを参考に簡潔に記入します。また，辞書で挙げられている類義語や反意語が既習語の場合は，それらも記入します。≒で類義語，↔で反意語など，略記にします。

Lesson 1 （pp.8-14）

チェック	単語	品詞・意味	例文
	practice [præktis]	（自）練習する	
	regular [régjələr]	（形）いつもの，規則正しい ↔ irregular	

\| Step 1 \| **Step 2** \| Step 3 \| Step 4 \| 解説 \|

■復習

　復習では，予習で記入した単語の品詞や意味が，教科書の文脈に合っ

ていたかを確認し，必要なら修正します。また，教科書から目標語を含む文を抜き出して，単語ノートの「例文」欄に記入します。1つの目標語が複数の文で使用されている場合は，それら複数の文を記入します。また英文の日本語訳も記入します。文中の目標語に注意が向くように，蛍光ペンなどで目標語をハイライトします。学習辞書や英英辞典の例文から，目標語の意味が分かりやすい文を加えてもいいでしょう。

Lesson 1 (pp.8-14)

チェック	単語	品詞・意味	例文
	practice [prǽktis]	(自) 練習する	・They <u>practice</u> for years to become good street performers. (彼らは，よいストリートパフォーマーになるために何年も練習する)
			・Many children who had <u>practiced</u> in the parks took part. (公園で練習していた多くの子ども達が参加した)
	regular [régjələr]	(形) いつもの, 規則正しい ↔ irregular	・They get no <u>regular</u> salary. (彼らに定給はない)

| Step 1 | Step 2 | **Step 3** | Step 4 | 解説 |

■単語ノートの拡張

　教科書や副教材の学習が進むと，新しい文脈で，すでに単語ノートに記入した単語に出会うことがあります。それらの新しい文も，目標語を記入したページの「例文」欄に追記します。教科書巻末の単語リストには，単語の初出ページが記されているので，単語が新出したときに作成

した単語ノートのページを特定することができます。

　新出語（例：regularly）が，すでに単語ノートに記入した語（例：regular）の派生語である場合があります。この場合，regular を記入したページに戻り，regularly に関する品詞や意味，例文を追記します。

	regular [régjələr]	（形）いつもの，規則正しい ↔ irregular	· They get no regular salary. （彼らに定給はない）
	regularly [régjələrli]	（副）規則正しく ↔ irregularly	· We still went regularly to the hospital for tests. （私たちは，検査のために相変わらず定期的に病院に通っていた）

　教師は，2つの単語が同じ語根を持つことを学習者に気づかせます。このような機会に，主要な接辞の働きを教えるとよいでしょう。-able, -er, -ish, -less, -ly, -ness, non-, un- などの接辞は，さまざまな語と共起し，頻度が高く，規則性が高いので，生徒に教えたい接辞です（⇨実践例15，16）。

Step 1 / Step 2 / Step 3 / **Step 4** / 解説

■単語ノートの活用

　単語ノートは作成するだけではなく，頻繁に復習することで，記憶の定着を図ることができます。まず，「品詞・意味」欄を隠し，「例文」欄の文を読み，目標語の意味がすぐに想起できるよう，何度も練習します。例文は，できれば音読します。次に，「品詞・意味」，「例文」欄を隠し，「単語」欄を見て目標語の意味，類義語，反意語がすぐに想起できるよう，繰り返し練習します。このとき，目標語を発音しながら何度も書き，同時に意味が想起できるように練習するとよいでしょう。最後

は，「品詞・意味」欄のみを見て，目標語が想起できるように練習します。覚えた単語はチェック欄にチェックしましょう。

単語の中には，すぐに覚えられる単語となかなか覚えられない単語があるでしょう。覚えにくい単語のみをリストにし，よく目に付く場所に貼ったり，単語カードに記入し，より頻繁に復習するよう伝えます。単語ノートは，教科書に出てきた順番にまとめるため，単語の順番を入れ替えることができないという欠点があります。この欠点を補うためにも，単語カードを併用しましょう。

単語ノートの活用を生徒の自主性に任せておくと，うまく活用できない生徒もいるでしょう。学期中に数回生徒の単語ノートを集め，作成状況をチェックします。また普段どのように単語ノートを活用しているかについて，余白に報告させます。教師は，生徒の作成状況や活用報告に対してコメントを返したり，すばらしい事例はみんなの前で紹介したりして，生徒の単語ノート作成・活用を励ますとよいでしょう。

| Step 1 | Step 2 | Step 3 | Step 4 | **解説** |

単語を文中で覚えることで，単語の持つ統語的情報，どのような語と共起しやすいかというコロケーションの情報，多義語のさまざまな意味などの語彙知識が多角的に発達します。

単語ノートに目標語を含む複数の文を収集し，それらの文を比較することで，学習者自身が，単語の持つ統語的情報やコロケーションの情報を発見することができ，発見学習につながります。

人間は脳内で，個々の単語の音韻や意味的つながりにより，語彙のネットワークを構築すると考えられています（Aitchison, 2003）。目標語の類義語や反意語，同じ語根を持つ単語を整理して覚えることで，既習の知識と新しく学ぶ知識が結びつきます。このことにより，語彙のネットワークを発達させ，語彙知識をより深めることができます。

第Ⅲ章

自律した語彙学習のために

1．辞書指導（実践例25〜29）
2．文脈を利用した指導（実践例30〜31）

Ⅲ-1．辞書指導
【実践例25】

辞書指導：導入編

対象……………　小学校　｜　中学校　｜　高　校　｜　大　学
目的……………　辞書検索スキルの導入
キーワード……　辞書検索　品詞　コロケーション
準備時間………　30分 ◐
活動時間………　10～30分 ◐

❊ 教師の悩み ❊

　生徒は予習させると，たくさんある語義の中から文脈に合ったものを選ぶのが苦手です。用例も見ていないようです。そもそも，発音記号が読めません。中学時代には，ほとんど辞書を使ってこなかったようなので，無理もないのかもしれません。そこで，効率よく辞書指導をしたいのですが，どこからどのように手を付ければいいでしょうか。

❊ ここで一工夫 ❊

　英和辞典にはどういう情報がどのように記載されているかを，まず生徒に確認してもらいましょう。基本的な部分は，紙の辞書・電子辞書のいずれを使用しても問題ありません。隙間時間をうまく活用して，辞書に含まれる情報を概観し，さらに，求める情報をうまく取り出す検索方法を実際に体験してもらうといいでしょう（浜野, 1999；Nation, 2001）。

※ 指導の準備・授業展開 ※

| Step 1 | Step 2 | Step 3 | 解説 |

■見出し語の検索と発音

　英和辞典を実際に使いながら，以下の文中にある suspicion の意味を調べ，文全体の意味を考える方法を指導します。

　Everyone watched him with <u>suspicion</u>.

　まず，辞書を引く前に，以下の単語を辞書に出てくる順番に並べ替える課題を与え，アルファベット配列の理解を確認してください。

> suspicion　　speak　　skate　　Sunday

　アルファベット配列があやふやな学習者については，ABC ... XYZ という26文字の順番を板書または印刷して配布したり，ABC の歌を導入するなどして，その順番を定着させます。

　次に，いよいよ英和辞典で suspicion を引かせます。見出しが見つかれば，意味に行く前に，まずは発音（アクセント位置を含む）を確認させましょう。単語を音声化できないと，音読できないのはもちろん，記憶にも定着しにくいからです。辞書には教科書と同じ IPA（国際音声学協会）式発音記号が記されていますが，中学生向けや高校生向け初・中級英和辞典には，カナ表記が付記されているものも多数あります。

> suspicion / səspɪʃən サス<u>ピ</u>ション /

　発音記号が苦手な生徒には，カナ表記を適宜参照させるといいでしょう。ただし，発音記号にしろカナ表記にしろ，必ずしも生徒が原音をうまく再現できることを保証しません。よって，電子辞書が使える場合には，実際に音声で発音を確認させるといいでしょう。ほとんどの英語モデルならば「発音（音声）」ボタンで簡単に再生できます。

　その他，和製英語等の影響で，発音やアクセント位置を誤りやすい単語も適宜提示して，正しい発音を確認させます（ˣは誤り）。

例：success / ˣサクセス / → / səkseˈs /
　　maniac / ˣマニアック / → / méɪˈniæˌk /

| Step 1 | **Step 2** | Step 3 | 解説 |

■意味の整合性と型から選ぶ語義

　発音が確認できたら，いよいよ文脈に合った語義を抽出する練習です。ほとんどの単語には複数語義がありますが，適切なものを決定する要因は，意味の「整合性」とその単語が使われている「型」です。前者は，当該文脈において，他の語と結びつけて整合性のある語義であるかどうかという点で，後者は，それがどういう単語と一緒に使われているのか（コロケーションの問題），どういう品詞で用いられているかなどに着目するものです（磐崎，2002；住出，2002）。

　そこで suspicion に戻ると，この単語の品詞には名詞しかありませんが，多くの辞書には３つの語義が記されていますから，そこから適切なものを選ぶ必要があります。

---

suspicion［名］
1．［UC］［…に対する］疑い，容疑［about, against, for］
　　There is a strong *suspicion* against him. 彼は大いに疑われている。/ view her with *suspicion*　彼女を疑いの目で見る
2．［CU］［…ではないかと］疑うこと［*that* 節］
　　I have a *suspicion* that the man stole the money. あの男がお金を盗んだのではないかと疑っている。
3．［a ～ of ＋名詞］ほんの少しの（…），かすかな（…）
　　tell a story with a *suspicion* of humor　ちょっぴりユーモアをまじえて話をする

　３つの語義を原文の Everyone watched him with suspicion. に当てはめてみると，語義１は「みんなは彼を疑いを持って見た」ということで問題なさそうです。語義２は，「（～でないかと）疑うことで見た」は，疑う内容がありませんから少々おかしいでしょう。語義３は「ほんの少

しの何かで見た」は意味が通じません。ということは、語義1でよさそうです。

ただし、複数語義から適切なものを探すには、もう1つの手がかりがあります。それが単語が使われている型です。原文では、with suspicion と前置詞 with が一緒に使われている点に着目します。このような型で使われている例文がないかと探すと、語義1には view her with suspicion という例文が見つかります。view は「見る」ですから原文の watch の類語です。ということは、watch A with suspicion ≒ view A with suspicion と考えられますから、やはり語義1がここでの意味だろうと推測できます。その意味も辞書例文の訳語を借用して「みんなは彼のことを疑いを持って見た」としておけば、自然な日本語になります。

このようにして、語義検索には、意味の整合性と語の使い方の型という2面がありますが、実際には同時進行に進みます。言い換えれば、当てはまりそうな意味でよく似た型がないか、あるいは逆に、よく似た型の語義が当該文脈に当てはまりそうかどうかを見ていきます。

別の例として、以下の husband の意味も検索してもらいましょう。

We should <u>husband</u> our resources.

通例、「夫」という意味の名詞として知られる husband ですが、助動詞 should の後ろに来ていること、その後にさらに別の名詞 our resources が来ていることなどから、動詞であろうと推測させます。すると、よく知られた名詞語義「夫」ではなく、その動詞語義を参照し、「～を節約する、大切に使う」という語義が得られることを確認します。

> **husband** /hʌ'zbənd/ ― [名詞] [C] 夫 (cf. wife)
> have a good *husband* 良き夫に恵まれる / her former *husband* 彼女の前の夫
> ― [動] [他] [時間・金・資源など] を節約する、大切に使う
> She *husbands* her small savings. 彼女は少ない貯金を大切に使う。

ここから，問題文の意味は「私たちは資源を節約しなければいけない」だと分かります。このように，求める単語の品詞に着目することで，適切な語義に到達できます。最低限，名詞と動詞，それ以外に見当をつけさせるといいでしょう。

| Step 1 | Step 2 | **Step 3** | 解説 |

■発信のための情報を調べる

　Step 1 と 2 は，文脈に合った英単語の意味を調べる手順でした。同様に，英語を発信する際にも英和辞典が役立つことを指導します。そこで，以下の2つの日本語を，カッコ内の英単語を使って英語にする方法を確認していきます。

> 1．辞書を引いてもかまいません。(dictionary)
> 2．あなたにこの本を読んでほしいんです。(want)

　まず問題文1については，ほとんどの学習者は「辞書を引く」というつながりが表現できません。こうした語と語の意味的なつながりを「語彙的コロケーション」(lexical collocation) あるいは単に「コロケーション」と呼びます。発信の際には，こうしたコロケーションが重要となりますから，分からなければ辞書で確認させます。

> **dictionary** /dɪˈkʃəneˌri/ ［名］［C］辞書
> consult[use] a *dictionary* 辞書を引く / look up a word in the *dictionary* 辞書で単語を引く

　ここから，「辞書を引く」は consult[use] a dictionary だと分かりますから，問題文1は You may consult[use] a dictionary. と英訳できます。

　2については，want がどのような動詞型で使えるかを確認させます。

> want /wɑˈnt/ ［他］
> 1．［SVO］…が欲しい　I *want* some coffee.　コーヒーが飲みたい。
> 2．［SV to do］…したいと思う　I *want* to hear this.　これを聞きたい。
> 3．［SVOC / SVO to do］＜人が＞O＜人・物＞に…することを望んでいる，…していてほしいと願っている　He *wants* me to leave. 彼は私に出て行ってほしいと思っている。

　SVO，SVOC などは文型を表しています（S=主語，V=動詞，O＝目的語，C=補語）。上記内容から，「A（物）が欲しい」場合は want A，「自分が A をしたい」場合は want to do A，「A（他人）に B をしてほしい」場合には，want A to do B と言えばいいことが読み取れます。こうした構造の型を「文法的コロケーション」(grammatical collocation) あるいは「コリゲーション」(colligation) と呼びます。こうした表記から，正解は I want you to read this book. となることが分かります。

| Step 1 | Step 2 | Step 3 | 解説 |

　以上見てきたように，辞書指導の導入として，まず読解等で未知の単語に遭遇したことを想定して，どのように辞書で意味を調べるかを指導してください。多くの生徒は，最初に書かれた語義だけを選ぶ傾向がありますから，それが文脈に合うかどうかの意味的整合性を確認させます。意味が当てはまらない場合はもちろん，当てはまりそうな場合も，他の語義にも目を通すように指導します。その際，意味だけではなく，検索語の型にも着目させます。前後にどういう語が来ており，同じようなつながりが辞書用例に挙げられているかどうかを調べるコロケーションの観点や，文法的な型に合う語義を参照させる，品詞を推測してそれに合う語義を参照する，といった形式面も指導すると，適切な意味に到達するための鍵となる情報が増えます。

　さらには，コロケーションや文法情報を確認するタスクを，適宜授業に組み込んで，こうした受信面だけではなく，英語を書いたり話したりする発信面にも辞書が役立つことを実感してもらうといいでしょう。

Ⅲ-1. 辞書指導
【実践例26】

辞書指導：
電子辞書の基本操作

対象………… 小学校　中学校　<u>高校</u>　大学
目的………… 電子辞書検索スキルの指導
キーワード…… 複数辞書検索　例文検索　用例検索
準備時間……… 30分 ◐
活動時間……… 10〜30分 ◐

❄ 教師の悩み ❄

　生徒が授業に持ってくる辞書は，最近ほとんどが電子辞書になっています。画面が小さいからか，生徒は語義も最初の方しか見ていませんし，使い方を誤解していて，自分の辞書には用例がないと言う者までいます。電子辞書特有の用例検索なども全く使っていないようです。特定機種を指定しているわけではないので，生徒が持ってくる機種もばらばらなのですが，そうした電子辞書共通の機能を効率的に教えたいと思っています。どの機能を，どのように教えればいいでしょうか。

❄ ここで一工夫 ❄

　電子辞書には多数の辞書が収録され，検索機能も格段の進歩が見られます。その一方で，紙辞書・電子辞書に関わらず，辞書引きに必ずしも慣れていない学習者も多いため，まずは実践例25で挙げた辞書引きの基本を指導してください。その上で，電子辞書特有の柔軟で強力な検索機能を指導するとよいでしょう。こうした点は，電子辞書を持っていれば自然に覚えるかというと，必ずしもそうではないため，適宜，指導を通じてその強力な検索機能を実感させるといいでしょう。

❀ **指導の準備・授業展開** ❀

| Step 1 | Step 2 | 解説 |

■ 意味検索の方法

　高校・大学生向けの電子辞書では，意味を調べるにしても，1つの辞書を引くか，複数の辞書を一気に引くかを選択できます。さらに，それぞれに対して，検索語が見出し語にあるかどうか，または例文・用例に入っているかどうかを検索することが可能です。

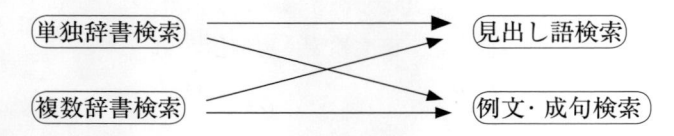

```
(単独辞書検索) ─────→ (見出し語検索)
              ╲╱
              ╱╲
(複数辞書検索) ─────→ (例文・成句検索)
```

　これを以下の下線部の意味を電子辞書で確認する方法で見ていきます。

　　She bought a <u>ladle</u> for ¥500.

　まず，ladle を特定の辞書（以下では「英和 A」）で引きたい場合には，キーボード上部にあるその辞書のボタンを押します（機種によっては，具体的な辞書の略名が印字されています）。

　　［複数辞書］［国語］(英和 A)［英和 B］［英英］［和英］…

　「英和 A」ボタンを押すと，この辞書の検索窓が現われます。通例，「見出し語検索」「例文検索」「成句検索」の窓がありますから，ここでは見出し語検索欄に ladle と入れてみます。

| 見出し語検索【ladle　　　　　　　　　　　】 |
| 例文検索　　【　　　　　　　　　　　　　】 |
| 成句検索　　【　　　　　　　　　　　　　】 |

　すると，以下のような語義が表示されます。

> ladle /leɪˈdəl/ ［名］[C] 玉ひしゃく，お玉　　　［用例］

　意味確認と同時に，発音も確認させましょう。ここでは発音記号が記されていますが，読むのが苦手な学習者の場合には，キーボード（機種によってはタッチパネル）上にある「発音（音声）」ボタンを押し，音声で発音を聞くことができます。ここでは「ラードル」のような発音が誤りであることをしっかり確認します。さらに，「用例」（機種によっては「文」）という選択項目が語義の後ろにあり，これを矢印キーで選択して［決定］ボタンを押すと，用例が出てきます。これによって，例えば「a soup ladle スープ用しゃくし」のような例と訳語が出ます。こうしたことを見た上で，問題文１の意味が「彼女はお玉を500円で買った」であることを確認しておきます。

　次に複数辞書で意味を比べたい場合，あるいは，そもそも検索語が辞書に載っているかを確認したい場合には，「複数辞書検索」（機種により「一括検索」「複数アルファベット検索」とも呼ぶ）ボタンを用います。

> ［(複数辞書)］[国語][英和A][英和B][英英][和英]…

　これを押してladleと入れると，通例，左右２つの窓が現われ，左側にはそれが収録されている辞書名が，右にはその語義が提示されます。

複数辞書検索【 ladle 　　　　　】	
［リーダーズ］ladle	ladle /leɪˈdəl/
［G大英和］ladle	n. ひしゃく，お玉
［OALD］ladle	
［LDOCE］ladle	

　　＊リーダーズ英和を選択し，そのladleの語義が右側の窓に表示された状態

　左の窓で，選択する辞書を変えると，それに応じて異なる語義用例が提示されます。

見出し語が複数語からなる複合語も検索できます。ただし，見出し語になる複合語は名詞だけで，句動詞などは見出し語にはなりません。よって，family name（姓，苗字）は名詞なので見出し語になっている可能性がありますが，put up with（〜を我慢する）などはなりません。ここでは，練習のために，複数辞書検索機能を使って，Thanksgiving Day を引いてみましょう。通例，大文字や空白は入力できないので，小文字で続けて thanksgivingday と入力します。

複数辞書検索【thanksgivingday】	
[リーダーズ]Thanksgiving [G大英和]Thanksgiving D	Thanksgiving Day 　感謝の日，感謝祭《米国では今は11月の第4木曜日…》

＊左の窓では，検索語が長いので，すべての文字が表示されていない。

　先の ladle の場合は4つの辞書でヒットしていましたが，今回は2つの辞書でしかヒットしていないことが分かります。このように，見出し語によってはすべての辞書に載っていない場合があるので，通常は，単独辞書検索ではなく，複数辞書検索を使用すると効率的でしょう。

| Step 1 | **Step 2** | 解説 |

■**意味の整合性と型から検索**

　見出し語の検索方法には，単独辞書検索と複数辞書検索があることが確認できたら，次は複数の語義から適切な語義を探し出す練習です。実践例25で示したように，語義の選択には，文脈と整合性のある意味を取り出すことと，使われている型を確認することの2つが成功へのポイントとなりますから，この点を実例で練習します。まず，以下の文を生徒に提示し，下線の fresh に注意して辞書を引いて，文全体の意味を書かせておきます。

> 下線のfreshに注意して辞書を引き，文全体の意味を書きなさい。
> I don't like him because he always gets fresh with me.

　freshをStep 1の方法で電子辞書で引くと，どの英和辞典にも「新しい」「斬新な」「生き生きした」「新鮮な」など，10近い語義が提示されています。だからといって「彼は私には新しい［新鮮だ］から好きじゃない」のように訳したのでは，どうも意味がしっくり来ない点に気づかせます。

　そこで，あらためて，数あるfreshの語義から適切な意味を抽出させるのですが，この場合，意味の整合性に加えて，この単語が使われている型に注目させます。具体的には，どういう単語と結びついているかに着目させます。すると，ここでは，前に動詞getが，後ろにはwithがきていることが観察できます。

　そこで電子辞書の「例文検索」「成句検索」を使います。両者とも複数語のつながりを辞書から検索するものですが，その違いは，1つ1つの単語の意味の総和が全体とかけ離れているものが「成句」（＝「イディオム」「（意味的に）不透明な表現」）と呼ばれ，それを検索するのが「成句検索」です。その点，例文は，1つ1つの意味を積み上げていけば全体の意味に到達できる意味的に透明な表現のことで，その検索が「例文検索」です。例えば，kick the bucket（死ぬ）は成句ですから成句検索でヒットし，a bucket of water（バケツ一杯の水）は成句ではないので，例文検索でヒットします。

　ただし，意味を知らない場合，ある表現がどちらに属するかは生徒には判断が難しいので，まずは例文検索をさせ，ヒットしなかったり，検索した意味がしっくりこなければ成句検索もさせるといいでしょう。電子辞書の操作方法としては，独立した「例文・成句検索」ボタンがあるものと，「複数辞書検索」や個別辞書のボタンを押すと，「例文・成句検索」入力窓が現われるものがあるため，適宜個別に指導してください。

　先ほどの例文に戻ると，freshには前にget，後ろにwithが付いていますから，get fresh withというつながりを辞書で検索します。前述の方法で例文・成句検索窓が出たら，まずは「例文検索」窓に，「&」記

号を使って，3単語を入力します。見出し語検索には「&」は使えませんが，例文・成句検索の場合，単語と単語を結ぶ場合に，この記号を使います。

> 例文検索【get&fresh&with】
> 成句検索【　　　　　　】

これで「決定」ボタンを押すと，このつながりを含む辞書用例が検索できます。

> 【fresh】
> Don't be [get] *fresh* with me.
> なれなれしくしないでよ。

＊『ジーニアス英和辞典』のヒット例

よって，問題文は「彼は私にいつもなれなれしくするから好きじゃない」だと分かります。この場合の fresh の意味は，複数語義の中ではほぼ最後の方に収録されている「なれなれしい，厚かましい」です。

同様に，kick the bucket（死ぬ）を「例文検索」「成句検索」で調べさせてください（前者ではヒットせず，後者でヒットします）。

| Step 1 | Step 2 | 解説 |

このように，検索の基本は紙の辞書も電子辞書も同じですが，電子辞書には，見出し語を実際に発音してくれる，複数辞書検索がある，例文・成句検索がある，といった固有の強力な機能があります。特に，未知語の意味を推測したり，多義語の複数語義から文脈上適切なものを選び出す作業を苦手と感じる学習者は多いものです。よって，この困難を軽減する方策として，検索したい語の前後の単語に注目して，そうした単語と一緒に例文・成句検索を使うと，効率的に求める語義に到達できることを指導してみてください（磐崎，2002；関山，2007）。

Ⅲ-1. 辞書指導
【実践例27】

辞書指導：応用編

対象…………　小学校　中学校　**高　校**　**大　学**
目的…………　英語辞書を連携させながらさまざまな言語活動に生かす
キーワード……　ジャンプ機能　パラフレーズ　コロケーション
準備時間………　30分　◐
活動時間………　10～30分　◐

※ 教師の悩み ※

　辞書が役立つことは分かっていますが，コミュニケーションやライティングを扱う授業では，生徒の辞書使用を控えさせようとする意見もあります。私としては，英語の発信スキルなど，いろいろな場面で辞書をもっと生かしたいと思っています。電子辞書についても，多くの機種は英和辞典に加えて，和英辞典や英英辞典なども入っていますから，これをうまく連携させたいのですが。

※ ここで一工夫 ※

　生徒は日常的に辞書を引いていても，必ずしも有用な機能を使いこなしてはいません。電子辞書についても，少し指導を行なえば，いろいろな場面で一歩進んだ辞書検索ができます。ここでは，そうした一歩進んだ辞書検索の応用編を見ていきましょう。特に，コロケーションへの意識を高める方法に着目します。検索指導のための時間を設けるような場合以外でも，ちょっとした生徒のつまづきの際にこうした点をアドバイスしてあげてください。

※ 指導の準備・授業展開 ※

Step 1 / Step 2 / Step 3 / 解説

■コロケーションが見つからない場合

　語と語の慣用的なつながりであるコロケーションの知識は，英語を発信する上でも，また英語を適切な理解度とスピードで読んだり聞いたりする上でも重要となります。そこで，コロケーション検索が重要となりますが，うまく辞書で見つからない場合の対処方法を練習しましょう。ここでは「仮説（hypothesis）を立てる」を例とします。まずは，特定の英和辞典で hypothesis を引いて，このコロケーションを辞書で見つけるように学習者に指示します。

　すると，以下のように「仮説を立てる」が載っていない辞書もあることが分かります。

> **hypothesis**【名】❶ ［C］［…と言う］仮説, 前提, 仮定〔that 節〕
> ‖ a working *hypothesis*　作業仮説 / If a *hypothesis* is proved true, it becomes an accepted fact.　仮説が正しいと証明されると公認の事実となる。　　　　　　　　　　　　　　　（『ジーニアス英和辞典』）

　求めるコロケーションが1つの辞書で見つからない場合，別の英和辞典や和英辞典などで調べるように指示します。そこで，手持ちの和英辞典で「仮説」を引き，「仮説を立てる」を探させると，辞書によっては，以下のような表現が入手できます。

> 仮説を立てる　form a *hypothesis* (that ...), hypothesize (that ...)
> 　　　　　　　　　　　　　　　　　　　　　　　（『ウィズダム和英辞典』）

　電子辞書が使える場合には，実践例26で見た「複数辞書検索」と「例文検索」を組み合わせると効率的です。「複数辞書検索」→「例文検索」と進み，検索窓に hypothesis と入力するとこの単語を含む例文が多数ヒットします。その中で「仮説を立てる」に相当する表現を探します。以下は，「仮説を立てる」に加えて，ほぼその同義と考えられる「仮説を提示する，まとめる」が『新編英和活用大辞典』でヒットした結果で

す。同辞書は世界最大のコロケーション辞書ですから，他辞書にないコロケーションも収録していることがよくあります（磐崎, 2002）。

> He **advances** several new *hypotheses* in his book.　自著の中でいくつか新しい仮説を提示している
> Notwithstanding the absence of data, a fairly reasonable *hypothesis* can be **built**［**set**］**up**. データが欠けていてもかなり筋の通った仮説を立てることができる
> **formulate** a *hypothesis*　仮説をまとめる
> **propose**［**put forward**］a *hypothesis*　仮説を提示する
>
> （『新編英和活用大辞典』）

Step 1　**Step 2**　Step 3　解説

■英英辞典の定義内コロケーション検索

　英英辞典からもコロケーションを見つけることができます。ただし，英和と違って例文には訳文がないため，求める表現かどうかの判断は学習者には難しく，しばしば英和を引き直すことになります。
　そこで，コロケーションへの意識を高めながら英英辞典に慣れ親しむ活動として，英英辞典の「定義」の中から求めるコロケーションを見つける方法を練習します。
　まず，「火（fire）を消す」というコロケーションを提示します。学習者には，このコロケーションを英英辞典で見つけさせるのですが，英和辞典のように fire 自体を引くのではなく，このコロケーションが「定義」に含まれている単語を推測し，それを引くことを説明します。ヒントとして「〜する人，物」と定義されるような見出し語を考えさせます。すると「火を消す人」→「消防士」,「火を消すクルマ」→「消防車」といった見出し語が想起できます。こうした単語の英英定義を見れば，「火を消す」が含まれているはずです。「消防士」＝ firefighter,「消防車」＝ fire engine［truck］であることは，教師が提示するか和英辞典を引かせます。これができたら，両単語を英英辞典で

引き,その英英定義において,上記の語がどのように表現されているかを観察させます。

> **firefighter** *n* ［C］　someone whose job is to stop fires burning
> **fire engine** *n* ［C］　a special large vehicle that carries equipment and the people that stop fires burning, especially the equipment that shoots water at a fire
> 　　　　　　　　　　　　(*Longman Dictionary of Contemporary English*)

　2つの見出し語 firefighter と fire engine の意味が何であるかがあらかじめ分かっているため,定義に出てくる未知語の意味は,ある程度推測が可能になります。例えば,a special large vehicle が難解でも,消防車の定義だと分かっていれば,これが「特別で大きなクルマ」を意味する表現だろうと推測できます。必要に応じて vehicle（/ˈviːɪkəl/ 乗り物）や equipment（/ɪkwɪˈpmənt/ 装備）の意味・発音を補足説明してください。その上で,「火を消す」があるかどうかを観察させると,両定義にある stop fires burning がそうだと推測できるはずです。辞書によっては,put out fires なども使われています。

　2つ目の定義内コロケーション検索として,「コーヒー（coffee）を出す」を出題します。「コーヒーを出す場所は?」「コーヒーを入れる容器は?」「コーヒーを出す時間は?」といったヒントから,coffee shop, coffee cup, coffee break などを連想させ,そうした見出し語の英英定義を参照させます。例えば,以下のような定義が見つかります。

> **coffee shop** *n* ［C］　a place in a large shop or a hotel that serves meals and non-alcoholic drinks
> 　　　　　　　　　　　　(*Longman Dictionary of Contemporary English*)
> **coffee cup** ［N-COUNT］　A coffee cup is a cup in which coffee is served.
> 　　　　　　　　　　　　(*Collins COBUILD Advanced Learner's English Dictionary*)

　このやり方がいつも成功するわけではありませんが,こうした定義からも「コーヒーを出す」については,serve coffee が見つかります。

このように，ゲーム感覚で英英辞典の定義を読みながら，求めるコロケーションを定義の中から見つけていきます。未知語ではなく意味を知っている単語の定義ですから，学習者は各自の背景知識を活性化させながら，比較的容易にコロケーションを探すことができます（磐崎，1995）。

　以下，こうした活動で使えるコロケーション例と，検索候補となる見出し語を挙げておきます。

対象コロケーション	検索見出し語例	正答例
情報を保存する	hard disk, floppy disk, database	store information, save information
血を吸う	mosquito, vampire, Dracula	suck blood
夜行性である	bat, owl	hunt at night, be active at night
クギを打つ	hammer	hit a nail

Step 3

■リスニングにこそ辞書活用を

　聞き取る部分を空欄にした穴埋めによるディクテーションは，コロケーションをはじめとして，語と語の適切なつながりを意識させるための活動として用いることができます。生徒はしばしば音声だけを頼りに英語を書き取り，意味や構造に留意していない場合が多々あります。そこで，次例のように，単語をカタカナのように聞き取り，それを文字化した例を生徒に提示して，どうしておかしいかを考えさせます。

> She finally （ワン one） the race.
> He is my only （エア air）.

最初の例では，one の次に定冠詞付きの名詞が来ており，この文自体には動詞もないので，意味的にも文構造の点からも不適切です。2つ目の例では「彼は私の唯一の空気だ」では意味を成しません。そこで辞書の出番となります。

　まず，こうしたリスニングにおいては，類音・同音語との誤解が多いことを説明します。そこで，こうした情報がある辞書を使って，問題を解いていきます。例えば，『ジーニアス英和辞典』で one を引くと won が同音として示され，air を引くと heir/err が同音として示されています。

> one （[同音] won）《◆《英》では /wʌ́n/ が増えつつある》【原義：1，1つ（の），1人（の）．もとは a, an と同一語. cf. once, only, alone】...
> air （[同音] heir, err）《米》）【原義：かすみ，地表の大気】...

　この情報を参考にして，記載の同音語を引くと，以下のように修正できることが分かります。

> She finally (won) the race.　彼女はとうとう競争に勝った。
> He is my only (heir).　彼は私の唯一の跡継ぎだ。

　同様に，以下のような文を読み上げ，聞き取りの誤り，およびそれに基づいた誤った意味解釈を訂正させましょう。

> These flowers have pistols.　この花はピストルを持っている。
> Daddy is a little horse today.　お父さんは今日は子馬ね。
> Lambs gamble on the lawn.　子羊は芝生でギャンブルする。

［解答］These flowers have pistils.　この花には花弁がある。
　　　　Daddy is a little hoarse today.　お父さんは今日はちょっと声がかれている。
　　　　Lambs gambol on the lawn.　子羊は芝生で跳ね回る。

| Step 1 | Step 2 | Step 3 | 解説 |

　このように，英語辞書でコロケーションを調べるには，いろいろな手段があることを実感させてください。電子辞書使用時には，生徒が複数辞書検索や例文検索機能を使えていることを，適宜確認するといいでしょう。求める情報への到達が早くなります。また，英英辞典はどうしても疎遠になりがちですが，実践例12や28と平行して，本活動で示した定義内コロケーション検索を実施すると，敷居が低くなると共に，コロケーションへの意識を高めることができます。定義に親しむことで，事物の英語説明やパラフレーズも導入しやすくなりますから，ぜひ活用してみてください。

Ⅲ-1．辞書指導
【実践例28】
英英辞典を利用した語彙力の増強

対象・・・・・・・・・・ 小学校　中学校　|高　校|　|大　学|
目的・・・・・・・・・・英英辞典を利用して，語彙力を増強させる
キーワード・・・・・・英英辞典　英単語の定義　意味
準備時間・・・・・・20分　　　　　活動時間・・・・・・20分

※ 教師の悩み ※

　高校中級以上で，少しでも自分から語彙学習をするようになった生徒には，英英辞典の利用を勧めたいと思います。英単語についての英語での定義を読むことで，その単語のニュアンスも含めた語義をつかむことに加えて，定義の仕方や短い英文の書き方を同時に学ばせたいと思います。「なるべく英英辞典を引きなさい」と言うだけではなく，もう少し具体的な指示を出したいと思いますが，どうしたらいいでしょうか。

※ ここで一工夫 ※

　慣れるまでは，英英辞典の利用はハードルが高いものです。できるだけクイズに答えるような感覚でできる活動がいいと思います。それを繰り返すことで，だんだんと英英辞書の利用になじませるのがいいでしょう。

※ 指導の準備・授業展開 ※

| Step 1 | Step 2 | Step 3 | 解説 |

　英英辞典を利用して，英語での定義を示し，それが何を意味するかを

当てさせてみましょう。ここではスポーツを取り上げます。スポーツの定義文は比較的長くなるので，英語を読む練習にもなりますし，スポーツを定義するにはどのような英文構成にすればいいかが分かります。団体競技の場合には，以下のように a game played by two teams of（数）players という形で書き始めることが多いでしょう。*Oxford Advanced Learner's Dictionary*（*OALD*）の定義を以下に示します。

(　　　　　)：a game played especially in the US by two teams of nine players, using a bat and ball. Each player tries to hit the ball and then run around four bases before the other team can return the ball.

(　　　　　)：a game played by two teams of 11 players, using a round ball which players kick up and down the playing field. Teams try to kick the ball into the other team's goal.

(　　　　　)：a game in which two teams of six players use their hands to hit a large ball backwards and forwards over a high net while trying not to let the ball touch the ground on their own side

それぞれ，baseball, soccer (association football), volleyball が答となります。

| Step 1 | **Step 2** | Step 3 | 解説 |

英単語が思い浮かばない場合に，英語で説明する方法を学びます。ここでは道具を取り上げます。「やすり」と「のこぎり」がどのような道具であるかは生徒の多くが知っていると思いますが，対応する英単語は知らないことが多いでしょう。どんな材質でできているか，何をするための道具かを考えさせ，それをまずは一部でも英語で表現させてみましょう。その後で *OALD* の定義を示します。

file: a metal tool with a rough surface for cutting or shaping hard substances or for making them smooth

> saw: a tool that has a long blade with sharp points (called teeth) along one of its edges. A saw is moved backwards and forwards by hand or driven by electricity and is used for cutting wood or metal.

　このような言い方で説明できることを示すとともに，どのような英単語でも思い出せないときには，その大きさや形，機能，使い方などを述べれば，相手に分かってもらえる可能性があることを伝えましょう。

Step 3　解説

　ここで定義の仕方を説明します。定義したい単語の上位概念を見つけ，まずそれで大まかな範囲を示すことが重要であると教えます。上位概念が思い浮かばない場合には，人であればsomeone，物であればsomethingを使えばいいと教えます。それから，その上位概念を形容詞句で修飾して範囲を狭くすることを示します。

　身近な例として，台所用品の「やかん」と「ナイフ」を取り上げ，英語で定義する練習をさせます。

　まずは Step 2 で取り上げた定義をもう一度読ませて，何が書かれていて，英文の構造がどのようになっているかをつかませます。

　次に「やかん」と「ナイフ」の構造とその主な用途を考えさせます。構造としては，「やかん」にはふた，持ち手，注ぎ口があり，「ナイフ」には刃と持ち手があります。用途としては，お湯を沸かすことと物を切ることです。ここまで生徒全員の準備ができたら，「注ぎ口」（spout）を英語で与えてから，英語で書かせてみましょう。教師は教室内を見て回り，生徒にヒントを与えてもいいでしょう。その後で英英辞書の定義を示し，自分の英文との相違点を考えさせましょう。

> kettle: a container with a lid, handle, and a spout, used for boiling water
> knife: a sharp blade with a handle, used for cutting or as a weapon

※ バリエーション ※

(1) いつも使っているカタカナ語でも英語で何と言うかを知らないことはよくあります。身近な例を挙げて，英語での表記を当てさせ，それから英英辞典で確認させましょう。例えば，「パソコン」（パーソナルコンピュータ）を取り上げます。日本語での短縮形になっていますが，正式には何と言うかをまず質問し，その後で英英辞典で調べます。

> **personal computer**: a small computer that is designed for one person to use at work or at home

(2) 同じカタカナ表記でも意味が異なる場合に，英単語を当てさせることができます。日本語にはない，英語の発音を日本語で表記する場合には，英語では異なっていても日本語では同じ表記になることがあります。そのような例を挙げて，意味や英語の単語を当てさせてみましょう。

　ここでは「スチール家具」，野球用語の「ホームスチール」，「スチール写真」を取り上げます。「スチール」という日本語での表記は同じです。意味はどう違うかを最初に質問し，その後で英語の単語を当てさせましょう。それぞれ，steel furniture, stealing home, still picture となります。3つの「スチール」を英英辞典で引き，意味と発音を確認します。

| Step 1 | Step 2 | Step 3 | **解説** |

　英英辞典を利用するには3000語程度の語彙力が必要です。まずは高頻度語を覚えることが大切であることを生徒に説明し，ある程度の語彙力がついたら英英辞典の利用は面白く，楽しいことを伝えます。

　ただし，背伸びはしないように生徒に注意します。なぜならば，語彙力が低い生徒が英英辞典を使うと，英英辞典を何回も引かなくてはならず，辞書の利用が嫌になるだけでなく，英語の勉強自体を避けるようになることもあるからです。

Ⅲ-1．辞書指導
【実践例29】

単語集の利用法

対象……………　小学校　**中学校**　**高校**　**大学**
目的……………単語集を利用して単語力をつけさせる
キーワード……単語集　潜在記憶　反復学習
準備時間………10分🕐（教室内での方法提示およびStep 2の単語確認まで）
活動時間………15分🕐（教室内で活用法を提示し，教室外の学習を促す）

※ 教師の悩み ※

　高校では知っておくべき単語がますます増えるため，1日に覚えようとする単語数を決めて単語力を伸ばそうとする生徒も多いようです。しかし，日が経つうちに最初に覚えたはずの単語を忘れてしまい，覚え直しをするうちに，だんだんやる気を失ってしまう生徒がいます。継続的に単語集を活用する学習法はないでしょうか。

※ ここで一工夫 ※

　単語集で新しい単語を1日10個ずつ覚えていく方法が手っ取り早いと考える生徒も多いことでしょう。しかし，最初の方に覚えたはずの単語は1週間後にはどのくらい頭に残っているのでしょうか？　繰り返し単語を見ることで，単語が潜在記憶として記憶に残る効果があると言われています。覚えた単語には☑印を付けておき，意味が分からなかった単語や見てすぐには意味を思い出せなかった無印の単語は，☑が付けられるようになるまで繰り返し目を通すようにさせましょう。

※ 指導の準備・授業展開 ※

| Step 1 | Step 2 | Step 3 | Step 4 | 解説 |

■単語集の目的と紹介

　単語集はコンパクトで持ち運びやすいものなので，常に持ち歩いていても負担にならず，隙間の時間を利用して単語力を伸ばすことが可能です。巻末には必ずその単語集に掲載されているすべての単語がアルファベット順に並べて記載されてあるので，単語の意味をちょっと調べる程度なら手軽に辞書代わりに利用することもできます。また，ほとんどの単語集が単語を難易度別に並べているので，自分がどの難易度の単語力が不足しているのかを確認することもできます。

　数多くの単語集が市販されているので，学校で指定するものが特にない場合には，いくつか生徒に紹介して自分に合うものを選ばせるとよいでしょう。単語集により，扱われている単語や編集の仕方が目的別で違いますが，ここでは筆者の授業を受講する大学生へのアンケートで多く利用されていた単語集5冊を紹介します。

・『改訂新版ジーニアス英単語2200』（大修館書店）
　　センター試験，難関大，最難関大のレベル別で動詞編，名詞編，形容詞・副詞編に分かれており，語彙・語法の二者択一式問題も載っています。基礎固めをしつつ高いレベルを目指すことができます。
・『英単語ターゲット1900』（旺文社）
　　これも，センター試験から難関私大レベルまでの単語を網羅し，基本単語，重要単語，難単語別で動詞編，形容詞編，名詞編に分かれていて，基礎から確認したい生徒にも適しています。この単語集は基本的に一語一義主義をとっています。
・『システム英単語』（駿台文庫）
　　これは，freeze to death, a doctor and a patient, This book is worth reading. など，すべての見出し単語が2〜5語の簡潔な語句の形で提示されており，まずその単語の意味と使われ方を難易度順に覚えさせるという方法をとっています。例文がなかなか覚えられない生徒にも

1．辞書指導

適しています。
- 『速読英単語（必修編）』（Z会出版）

   単語を文脈に即して覚えさせることを目的としており，医療・言語・文化・科学・教育などテーマ別の英文が難易度順に配置されています。一定量の英文を読むことを毎日の習慣にすることもできます。
- 『Duo』シリーズ（アイシーピー）

   短い文の中に単語と熟語が埋め込まれていて，和訳をすることでそれぞれの単語や熟語の意味を確認するようになっています。基本動詞＋前置詞［副詞］系の句動詞や重要構文も多く，熟語集としても使用できます。

生徒には自分の目指すレベルに合わせて，単語集を使い分けさせるように促します。いずれの単語集も，反復学習をすることにより記憶を定着させ，単語力を伸ばすためのものです。上述のほかには，単語レベルが3000～5500語までのものも出ています。これらの単語集を併用するのもよい考えです。また，語彙数が少なめで難易度を抑えた単語集もあります。中学校の既習単語の復習もできる『ジーニアス英単語Step38』（大修館書店）のような，基礎を固めるのに適した単語集も出ていますので，生徒のレベルに応じて紹介しましょう。

| Step 1 | **Step 2** | Step 3 | Step 4 | 解説 |

■目標の設定と導入

生徒に，自分が目標とする1日あたりと1週間あたりの単語の数と，1日に何回単語集を開くことにするかを決めさせましょう。単語の個数でなくページ数で決めてもかまいません。覚える時間には個人差があるので無理のない程度の数で目標を設定させましょう。また，①まず綴りと意味が分かるようにする，②単語集にある例文を訳せるようにする，③日本語から英語に直せるようにする，というように段階を踏んだ指導をすることも大切です。

単語集の例文中でないとその単語の意味が分からない，ということの

ないように，単語の基本的な意味は覚えるように注意を喚起しましょう。また，最近の単語集には大学入試でよく出題される同義語が掲載されています（例えば resemble → take after, look like, be similar to や blame → accuse, condemn など）。これらは最初から同時に覚えようとせず，一通り単語の意味が習得できた段階で，語法や派生語も含めてあらためて覚えさせることにします。

次に，単語集を実際に利用して，すでに意味を知っている単語，見てすぐには思い出せなかったが一応意味は分かる単語，意味が分からなかったり間違えていたりした単語に分けさせましょう。見てすぐに意味が分かった単語には☑印を，すぐには思い出せなかったが一応意味は分かる単語には蛍光ペンなどで□に色をつけさせます。

| Step 1 | Step 2 | **Step 3** | Step 4 | 解説 |

■学校外での学習

　帰宅後や翌朝に☑が付いていない単語の確認をします。翌日の場合は，前日に覚えきれなかった単語と新たに覚える単語の両方を確認します。Step 2 のように単語を分け，☑の付いていない単語が覚えられたら☑を入れます。覚えきれなかった無印の単語と蛍光ペンで色を付けた単語は翌日も確かめるようにと伝えましょう。例えば1日10個の単語を覚えることにした生徒は，前日の単語（3個）＋新しい単語（7個）＝10個というように，無理なく確実に覚えるように勧めますが，覚え損ないが蓄積されないように，目で確認するだけでは不十分な単語は，書いたり，あらためて辞書を引いたりするなどして確実に覚えるようにと促しましょう。また，単語は目だけでなく，できるだけ紙に書いたり指で手のひらに書いたり，発音したりしながら覚えるようにすると，発表語彙として定着しやすくなります。ここに挙げた単語集も含め，たいていの単語集には別売の CD があります。目，耳，口，手のすべてを活用することで，記憶の定着が強くなり，さらに学習効果が高まることでしょう。

| Step 1 | Step 2 | Step 3 | **Step 4** | 解説 |

■記憶の定着のための学習

　一定期間ごとに，最初から分かっていた単語も含めて学ぶことに決めていたすべての単語を確認させます。どの単語集も単語に番号が付いているので，期間ごとに決めておいた番号（XXXX番からXXXX番まで）をすべて確認し，長期記憶に残っているか確かめさせましょう。

　反復学習をすることで，脳に記憶が残りやすくなるはずですが，なかなか覚えられない単語は根気よく繰り返し学習するように，継続の大切さを伝えましょう。Step 3 でも書きましたが，覚えにくい単語は，書いたり，辞書をあらためて引いたりするなど工夫させることが大切です。この段階で覚えられていない単語に関しては，自分で苦手な単語をまとめた単語集を作成させるとよいかもしれません。また，覚えられない単語が蓄積されていってしまう場合は，生徒が自分に課した単語数が多すぎるのかもしれないので，少し減らすように促し，余裕の見られるような生徒には1日の目標単語数を増やすようにしてもよいでしょう。

[学習計画の例①（新しい単語に多く触れることに重点を置くAさん）]

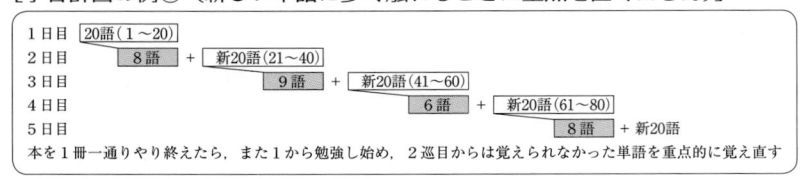

```
1日目  20語（1〜20）
2日目         8語 + 新20語（21〜40）
3日目              9語 + 新20語（41〜60）
4日目                   6語 + 新20語（61〜80）
5日目                        8語 + 新20語
```
本を1冊一通りやり終えたら，また1から勉強し始め，2巡目からは覚えられなかった単語を重点的に覚え直す

[学習計画の例②（新単語は少なめにして反復学習に重点を置くBさん）]

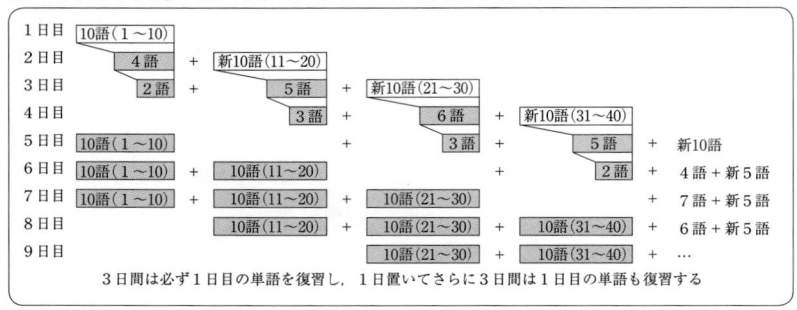

```
1日目  10語（1〜10）
2日目         4語 + 新10語（11〜20）
3日目         2語 +    5語 + 新10語（21〜30）
4日目                   3語 +    6語 + 新10語（31〜40）
5日目  10語（1〜10）              +    3語 +    5語 + 新10語
6日目  10語（1〜10） + 10語（11〜20）         +    2語 + 4語 + 新5語
7日目  10語（1〜10） + 10語（11〜20） + 10語（21〜30）     + 7語 + 新5語
8日目              10語（11〜20） + 10語（21〜30） + 10語（31〜40） + 6語 + 新5語
9日目                        10語（21〜30） + 10語（31〜40） + …
```
3日間は必ず1日目の単語を復習し，1日置いてさらに3日間は1日目の単語も復習する

単語の難易度や学習環境によっては違いが出ることも考えられますが，単語力をつけるためには翌日，翌々日に復習をすることが大切です。前ページの学習例①のように，毎日20語ずつ新しい単語を追加して覚える方法もありますし，学習例②で示したように，1日目に覚えきれなかった単語は2日目と3日目に復習し，1日置いて5日目から7日目までをさらなる反復期間とする方法もあります。いずれのやり方でも適切に復習を組み込むことにより，短期記憶から長期記憶へと移行できるようになります。

※ バリエーション ※
　定期的に単語テストをすることは生徒にとってよい刺激です。よい点数が取れた場合には成績に加味するという形から，週初めにテストを行い，生徒が満点を取れるまで昼休みや放課後に再テストを受けさせるという厳しい形までさまざまあるようです。自分の生徒のでき具合や性格をよく把握して，どのような方法がよいのかを考えましょう。また，単語を日本語⇔英語に直すような問題だけではなく，2つの例文の空欄部分に共通する英単語を書き入れるような問題を出すなど，問題形式にも工夫をするとよいでしょう。

> 次のそれぞれの文の空欄に共通して入る適語を書きなさい。
> Human technology is unable to c__ with natural forces.［センター試験］
> Companies c__ for profit.［上智大］）

［解答］compete

　単語集によって，扱う単語が違っていたり，単語の難易度の分け方が異なったりする場合があります。例えば"arise"という単語は，『ジーニアス英単語』では難関大レベルの課に，『ターゲット1900』では基本単語の課に，『システム英単語』ではBasic Stageの課に，『速読英単語』では初めの方の課に，『Duo』では終わりの方の課に出てきています。生徒が持つ単語集が数種類ある場合にはあらかじめテストに出す単語のリストを配布し，単語テストは複数の単語集の例文を参考にして作るとよいかもしれません。

| Step 1 | Step 2 | Step 3 | Step 4 | 解説 |

　人は何かを記憶してから1日の間に急激に忘れてしまいますが，その後の忘却は緩やかになり，学習して1ヶ月後にはほとんど記憶に残っておらず思い出すことがかなり困難になると言われています。ドイツの心理学者 H. Ebbinghaus の実験によると，人は1日経つと学習したことの7割以上を忘れてしまいます。しかし，学習してから一定時間（期間）後に反復学習をして記憶し直すと，保持できる記憶の量は増加し，忘却の速度はより緩やかになるということも分かっています。

Ⅲ-2. 文脈を利用した指導
【実践例30】

文脈からの意味の推測

対象…………… 小学校 | 中学校 | **高校** | **大学**
目的……………語の意味を推測させる
キーワード……手がかり　単語の特徴　前後関係
準備時間………10分 🕐
活動時間………5分 🕐（推測の仕方それぞれ1つの説明につき）

※ 教師の悩み ※

　教科書の本文を読んでいるとき，新出語でなくても意味の分からない単語に出会うと，生徒は辞書を引いて意味を調べます。辞書を引く作業によって生徒の読みの流れがそこで止まってしまいます。ぶつぶつと小刻みに英文を切って読むと英文理解を妨げることになります。ある程度辞書を引かずに読み進めるにはどのようにしたらよいでしょうか。

※ ここで一工夫 ※

　辞書を引かなくても大体の意味を推測して分かる場合があることを生徒に理解させます。意味が分からない語に出会ったら，その語を含む文の中での語の役割を考え，その語が持つ特徴および語の前後関係から，おおよその意味を生徒に推測させることができます。この推測の仕方を少しずつ授業の中で練習させ，易しい文なら意味が分からない単語があっても，辞書なしで読めることを生徒に理解させましょう。

※ 指導の準備・授業展開 ※

Step 1 | Step 2 | Step 3 | 解説

■推測の方法

　語の意味の推測は比較的学習の進んだ生徒が練習する方法ですが，初級者でもできる容易な推測の方法があります。表1は推測の方法の種類をまとめたものです（Nation, 2008）。例を使って推測の仕方を生徒に説明していきます。

　表1　推測の種類

> 1．「品詞」の推測
> 2．統語的構造から「単語の役割」の推測
> 3．「意味」の推測
> 　　3-1. 単語そのものの特徴から推測
> 　　　　(a) すでに学習した語（既習語）から
> 　　　　(b) カタカナ語から
> 　　　　(c) 語の形態的要素から
> 　　3-2. 単語外の情報から推測
> 　　　　(a) 未知語の前後の語句から
> 　　　　(b) 未知語を含む文（節）の前後の文章から
> 　　　　(c) 「つなぎの語」から
> 　　　　(d) 絵・写真・イラストから
> 　　　　(e) 読み手の持つ背景的知識・常識から

1．意味推測の前提となる「品詞」の推測

　意味の推測には未知語が文の中でどのような役割を果たしているかを知ることが大切です。その前提となるのが品詞の特定です。

　例）So some people are bringing art to *young* <u>victims</u> of war.
　　　　（下線部は未知語。イタリックは手がかりとなる語。以下同じ）

文中の victims は young という形容詞の後にあり，"-s" が複数形の "s" であると推測できるでしょうから，名詞であることが分かります。

2．統語的構造から「単語の役割」の推測

例） *When* the earthquake <u>occurred</u>, many foreigners who needed help could understand neither English nor Japanese.

文中の occurred は When から始まる節の中にありますから，文の主語と述語動詞の関係であると推測します。また，ここで前述の「単語の品詞」の推測も行われるでしょう。単語 occurred の，-red という接尾辞は動詞の過去形を示すことからも，動詞であると推測できます。

3．「意味」の推測

単語の意味の推測は，意味の分からない単語そのものが持つ特徴から意味を推測できる場合と，当該単語以外のほかの要素から意味を推測できる場合があります。

3-1．単語そのものの特徴からの意味の推測

(a) すでに学習した語（既習語）から意味を推測します。

例）When …, many <u>foreigners</u> *who* needed help could understand neither English nor Japanese.

生徒は foreign という単語の意味は知っています。その語に，-er が付いたことと，後ろの関係代名詞の who から，前の語 foreigners は人を表す語であることを推測し，「外国人」という意味につながっていくでしょう。

(b) カタカナ語から未知語の意味を推測します。

例）… other scientists have taken a new practical <u>approach</u> to the fight to save the environment.　　　　（*Genius I*, Lesson 6）

文中の単語 approach の意味は，スキージャンプの「アプローチ（助走滑走路）」や「取り組み方へのアプローチ」から，「道，方法」と推測

できるでしょう。

(c) 語の形態的要素から，肯定的な意味か否定的な意味かを推測します。

例）He realizes that her view is not <u>uncommon</u> in the village.

生徒はすでに common の意味を分かっています。un- という接頭辞により，この単語が否定的な意味を持つことが推測できます。

3-2. 単語外の情報からの意味の推測

(a) 未知語の前後の語句から推測します。次の文は，手がかりが未知語の後にある例です。

例）And language can also express our personal <u>identity</u>—*who we are and where we belong.*

文中の単語 identity は日本語にするのが難しい語です。ここではすぐ後で who we are and where we belong と，identity が言い換えられています。このようにダッシュの後は，他の易しい英語で言い換えられていることが多いことも知らせておくとよいでしょう。

(b) 未知語を含む文（節）の前後の文章から，単語の意味を推測します。

例）It was the most <u>horrible</u> thing that had ever happened to me. *My hair went white in just fifteen minutes.*

(*Genius I*, Lesson 6)

未知語を含む文の後ろの文中で「髪が15分で白くなった」と言っています。このことから楽しいことが起こったとは生徒は思わないで，horrible は「よくない，恐ろしい」という意味であると推測するでしょう。

例）*Over 6000 people died* and more than 43000 were <u>injured</u>.

and の前の文の内容が「6000人以上の人が死んだ」ということから，下線部 injured は否定的な意味を持つ語であり，地震のときの話なので，「怪我をした」と推測できるでしょう。

(c) 文と文，あるいは，節と節との「つなぎの語」から未知語の意味を推測します。

○「つなぎの語」but：対比を表します。

例) She is on her way to school—nine kilometers from her home in Kindia, Guinea. The road is slippery and rocky, and the rain turns her path into mud. The walk is <u>tough</u>, *but* at school today Finda is happy because she meets her best friend.

(*Genius I*, Lesson 3)

　3行目までは「道が滑り，岩だらけで，雨が降ると道がぬかるみになる」と言っています。さらに9キロの道のりです。そして tough という語の後に，*but* ... happy と続くので，tough は happy な気持ちにさせる内容ではなく，反対の意味を持つと推測し，「（歩くのは）大変である」という意味にたどりつくでしょう。

　tough はカタカナ語で日本語に入っており，「丈夫な，たくましい」という意味と考える生徒もいるでしょうが，ここでは主語が the walk なので，この意味では通じないということも分かるでしょう。

○「つなぎの語」because：原因を表します。

例) *Because* the world is full of all types of people, they may have different needs.

「世の中には，すべてのタイプの人がいる」→<u>だから</u>「（人々の要求は）異なる，いろいろでしょう」

(d) 絵・写真・イラストから意味を推測できる場合があります。

　教科書には写真や絵が描かれていることが多いです。これらも意味を推測する上で助けとなります。地名などが出てくる場合は，地図が載せてあれば地図を見ながら読んでいくことができます。

(e) 読み手の持つ背景的知識・常識から推測できます。

　野球の規則が英語で書かれているとします。英語の語彙が分からなくても，野球をよく知っている人ならば，これを自分ひとりで読んで理解

2．文脈を利用した指導　175

していけるでしょう。

　以上，推測の仕方を１例ずつ挙げましたが，これらを全部１回に生徒に提示するのではなく，１週間に１つずつ，短い時間を使って提示し，次の週にその推測の仕方を何回か練習します。それから別の推測の仕方に進みます。その後で，分からない単語が入っている箇所を，周辺の部分を含めて何回も読ませてみてはどうでしょうか。教室で習った推測の仕方のどれかが働いて，生徒がひとりで読み進めていかれることが多くなるでしょう。

　Step 1　　**Step 2**　　Step 3　　解説

■ Step 1 の推測の仕方を使った練習

　実際のレッスンで生徒と一緒に推測をしていき，推測の仕方を生徒に提示しましょう。また，どんな推測の方法を使ったか生徒にも考えさせましょう。ここでは英語Ⅰの教科書の本文を例にとります。

　Yesterday I was going home on the train and was sitting with very strange people. A kid of about my age was smoking. You are not (1)<u>allowed</u> to smoke when you are fourteen. After about five minutes a ticket (2)<u>collector</u> came. He looked at the kid and said, "Put that cigarette out. You are too young to smoke." The kid didn't stop smoking. He picked up a kind of box and turned a (3)<u>knob</u>. Then he started to grow older in front of our eyes. He slowly changed until he looked about twenty-five. "Am I old enough now?" said the kid. The ticket collector gave a (4)<u>scream</u> and ran away. The kid-man threw the box to an old lady and got off the train.

　"We all stared at the box. It had a sliding knob on it. Along the right-hand side it said OLDER and at the left end it said YOUNGER. There was a (5)<u>label</u> on top saying AGE (6)<u>CHANGER</u>. The old lady pushed the knob a few centimeters down toward ....　　(*Genius I*, Lesson 6)

表2

未知語	推測した意味	推測の分類	推測の根拠
(1) allowed	(タバコを吸って)いい	品詞の推測,統語的情報,前後の節	-ed が付いているから動詞。前半に否定の not があり,後半の when you are fourteen から。
(2) collector	集める人	既習語からの推測	collect は既習語。
(3) knob	でっぱり 取っ手 ノブ	前後の文,カタカナ語からの推測	初出のここの箇所では分からないかもしれないが,次のパラグラフで箱に付いている knob を老婦人が動かしたことや,カタカナ語からの推測が音声を聞いた場合はできるでしょう。
(4) scream	脅えること 叫び声	前文から否定的な意味を推測	14歳の男の子がいきなり25歳になったのを見れば,びっくりして「叫び声」をあげるでしょうし,その後,逃げ出していることから。
(5) label	ラベル	カタカナ語	箱の上に貼ってあり,ローマ字読みをするとカタカナ語のラベルになることから(英語の発音は違うことに注意させる)。
(6) CHANGER	変えるもの	既習語からの推測	change は既習語であり,ここまでの話の運びから。

前頁の表2は，p.176のテキストから未知語を抜き出し，それらの「推測した意味」，「推測の分類」，「推測した根拠」をまとめたものです。表のいくつかの部分を教師が埋めた後，生徒各自の未知語に関して，このような表を作成させてもよいでしょう。意味を推測した後，ペアワークなどで意味の確認をさせましょう。

| Step 1 | Step 2 | **Step 3** | 解説 |

■生徒の推測をシミュレーションしながらの指導

　教師があらかじめ新出語のいくつかの説明をしておくと，生徒は単語の意味を推測しながら読んでいけるようです。下線部が新出語です。生徒Aさんが推測をしながら読んでいってもらったと仮定して，Aさんのつぶやきを聞きましょう。

　Koji was nine years old. One day he was on a train. <u>Suddenly</u> he heard an angry shout. "Are you riding free?" It was the <u>conductor</u> <u>squeezing</u> a man's arm. The man was trying to say something, but no words came out. He looked <u>helpless</u>.

　Just then a <u>gentleman</u> across from Koji stood up and exchanged quick hand movements with the man. Koji watched. What was going on? The <u>gentleman</u> handed the <u>conductor</u> a <u>note</u>: "He has been trying to say he can't find his ticket." The <u>conductor</u> understood.

　The <u>gentleman</u> was Mr. Yoko-o, <u>former</u> <u>mayor</u> of Oguro in Niigata. He was also unable to hear. What Koji saw was sign language. He was impressed. He began to learn it from Mr. Yoko-o.

　That's how little Koji came across a new language. How do you like this story?　　　　　　　　　　　　　　　　　(*Captain II*, Lesson 5)

A：「suddenly は分からなくても文の内容はとれるな。conductor は後の文でも2回出てくるし，train があるから，たぶん「車掌」かな？ squeeze の意味は？　この推測は無理だな。helpless は，前の文で

「一言も出てこなかった」と言っていることと，語尾の -less からマイナスのイメージと考えてよし。gentleman は下線が引いてあるけど，よく耳にするから知っていると思う。note は…？ note の後のコロン以下の文のことかな？ note は「ノート」という意味かな？ former mayor は分からないな，でも，前の Yoko-o さんの説明みたいだな。sign language は下線部でないけれど，意味は何？…」

このようにシミュレーションをしてみると，squeeze, former mayor, sign language を教師が説明しておけば，何とか生徒はひとりで内容をとっていけるでしょう。

Step 1	Step 2	Step 3	解説

単語の意味を推測させる場合は，厳密な意味を求めるのではなく，大体の意味がとれればよしとします。推測した意味があいまいな場合は，辞書で調べさせることも必要です。重要なのは，意味の分からない単語に出会ったときにすぐに辞書を引くのではなく，推測で大体の意味をとって先を読み進めることができるように，推測しながら読むことを習慣化させることです。

Ⅲ-2．文脈を利用した指導
【実践例31】

多読授業での語彙定着の工夫

対象……………　| 小学校 | 中学校 | 高　校 | 大　学 |
目的……………既習語を定着させる
キーワード……多読　レベル別読本　同じ語との遭遇頻度
準備時間………20分（レベルの測定に関して）
活動時間………10分

※ 教師の悩み ※

　多読をさせることによって語彙の定着を図ることができると言われていますが，高校の現状のカリキュラムの中で，どのように多読を取り入れれば語彙の定着に結びついていくのでしょうか。また，多読と言っても，単にたくさんの本を読ませればいいというものではないと聞きます。教室で行える多読プログラムとは，どのようなものになりますか。

※ ここで一工夫 ※

　多読は自律した学習者を育てる活動です。生徒がひとりで英語の本を読めるようになれば，英文に触れる機会が大幅に増え，その中で使用されている語に出会う頻度が高まります。一般に，繰り返し単語に出会うことが単語の定着につながるとされています。多読により英語のインプットを増やし，同じ単語に遭遇する回数を増やし，単語の定着につなげます。

　授業中に短時間で多読の導入ができる方法に Sustained Silent Reading（SSR：持続的黙読）があります。SSR を通して多読に少しずつ慣れさせます。以下，「Step 1」で SSR を，「解説」で多読プログラムと多読を通じての語彙習得を説明します。

※ 指導の準備・授業展開 ※

　多読プログラムを実行する準備として，教師は多読活動に必要な「教材の準備」と「生徒の語彙レベルの測定」を行うことが求められます。

■多読用教材の準備

　多読用の教材としてレベル別読本・Graded Readers（以後 GR）を用意します。理想的には，GR の全レベルの各タイトルが３冊くらいずつ学校にあるのが望ましいですが，予算的に無理な場合が多いでしょう。その場合は，生徒の英語力のレベルに合わせて，必要なレベルの GR のみを購入します。また，生徒の関心がある項目を前もってアンケートなどで調査しておいて，該当する項目の GR を購入することで，GR の数を抑えることができます。GR の準備には，学校側の協力が必要になってきます。予算がとれない場合については後述します。

■生徒の語彙レベルの測定

　多読を生徒に導入する前に，生徒の語彙のレベルを測定する必要があります。多読教材の語彙が難しすぎると生徒はすらすらと読み進めることができません。辞書を引きながらでは，そこで読みの流れが止まってしまいます。未知語の意味の推測が可能になるには，教材の95〜98％の語彙の意味を知っていることが生徒に求められます（Hu & Nation, 2000）。すなわち，100語の単語のうち未知語は２〜５語程度ということになります。

　生徒の語彙レベルの測定には，次の方法が挙げられます。

（１）100語法

　GR の各レベルから話の一部（約100語）を選択し，レベル１の100語のプリントからレベル６までの６つのプリントを作成します。このプリント６枚を配布して，レベル１のプリントから生徒に読ませます。その折，意味が分からない単語が出てきたら，マーカーで印を付けさせます。印が５以下の場合は次のレベルに進ませます。印が５個付いたレベルが，生徒の読み始めのレベルとなります。生徒の背景的知識や，抽出した100語の内容により，的確なレベルにあたらない場合があります

が，レベルに関しては，生徒が実際に多読を行っている折に教師が細かくモニターしていけば，あまり問題は生じないでしょう。抽出した箇所がよくないと思ったときは，次に使用するときに入れ替えます。この方法は教師がプリントを用意するのに手間がかかりますが，一度プリントを作成しておけば，後は部分修正だけで何度も使用できます。

(2) 語彙サイズテストの使用

A Vocabulary Levels Test (Schmitt, Schmitt & Clapham, 2001) や望月テスト (1998) などを使い，そのテストの結果によって教師がレベルを判断し，そのレベルから生徒に読ませます（これらのテストに関しては，p. 218を参照してください）。

| Step 1 | Step 2 | Step 3 | Step 4 | 解説 |

■授業内で行う多読——Sustained Silent Reading（SSR：持続的黙読）

生徒にいきなり多読をしなさいと言っても，どうやっていいか分からないでしょう。SSRは授業内で行う多読の練習で，生徒がひとりで読むことに慣れるための活動です。授業の始めの5〜10分間くらいを使います。

生徒は図書室または英語科教員室から自分の英語のレベルに合った好きな本を選んで教室に持ってきます。各自が持ってきた本を5分または10分などの決まった時間，黙読させます。生徒が黙読している間，教師は机間指導して生徒の読みの様子を観察します。SSRを始めた1〜2回目は読むことに集中できない生徒がいます。そわそわと落ち着かない態度なので分かります。そばに行って数行でもいいから読むように言い，授業の後で個人的に指導します。所定の時間が終了したら，そこで読書を止めさせて，「来週の同じ時間にまた話の続きを読むので本を持参するように」と告げます。このSSRを週1回程度授業内で行い，ひとりで英語の本を読むという行為に慣れさせ，徐々に体得させます。

ほとんどの生徒が「ひとり読み」ができるようになったら，SSRの活動は折に触れて行うだけにします。慣れてくると，授業が始まる前から本に目を通している生徒も出てきますし，始まった途端，クラス内は

シーンとします。従来は長い休みに読ませる副読本は1～2冊であったでしょうが、学期中にSSRで読む習慣がついていれば、倍ぐらいの冊数を夏休みの宿題などに出せるでしょう。

| Step 1 | **Step 2** | Step 3 | Step 4 | 解説 |

■授業外における多読

　SSRの活動と併行して、教室外の多読を導入していきます。教室外の多読がないと英語のインプットが増えませんから、語彙の定着と結びついていきません。ここからが本格的な多読プログラムの始まりです。

(1) 各生徒に読みたいGRを選ばせ、授業外で各自に読ませます。全体の生徒のレベルにもよりますが、1～2週間に1冊のペースで読ませます。多読の効果を期待するには、少なくともこの程度の量の読みは必要です。読む時間・場所は生徒に任せます。

(2) 読み物は生徒の英語力のレベルに合っていますから、原則として、辞書は使用しません。英語力の低い生徒でも「スターター」とか「レベル1」の本から始めさせれば辞書なしでも読んでいけるでしょう。ただし、話に関連する主要語で、1ページの中に何回も出てくる単語の意味が分からない場合は辞書をひかせます。例えば、*Black Beauty*（Stage 1, Longman）の中にharness（馬車馬の引き具）やgroom（馬丁）の単語が何回も出てきます。これらの単語は中学・高校の教科書には出てこない単語です。*Black Beauty*は馬の話なので、この2語の意味が分からないとStage 1のGRでも読み進めることはできません。

(3) 読み終わったら非常に簡単な読書記録のプリントを提出させます。この提出物は簡単でなければなりません。読書記録を書くのが億劫で、次の本に進めない生徒が必ずいます。読書記録を書くのに30分もかけるよりも、その時間を読書にあてさせます。記入内容は、①生徒の名前、②本のタイトル・作者・ページ数、③読み始めと読み終わった日（読むのにかかった時間）、④読んだ内容の概要（4～5行）と⑤読み方（どんなふうに読んでいったか）です。最後の読み方

は必ず記入させます。「いちいち日本語に直した」などと書いてあったら，選んだ本が難しいからなのか，日本語にする癖がぬけないのか，その原因を究明して助言を与えます。「すらすら読んだ」と書く生徒が初めは多いです。この場合は，「すらすら」とはどういうことか説明させます。

(4) 同じレベルの本を4～5冊読ませます。内容によっては同じレベルでも難しい場合があります。このような場合は，レベルを下げるように助言します。4～5冊読んだら次のレベルの本に進ませます。教師は，読書記録や本を読み終える速度によって生徒が行き詰っていないかどうか，絶えず生徒に注意を払っている必要があります。

| Step 1 | Step 2 | **Step 3** | Step 4 | 解説 |

■多読における語彙の定着

多読による語彙学習は本来的には偶発的な学習です。内容を追って（meaning-focused）読んでいくので個々の単語に注意は向きません。ですから，ある単語が学習されたり定着されるには，異なる文脈において，その単語に繰り返し出会う必要があります。1～2回では既習語であっても忘れてしまうことが多いでしょう。未知語の場合は少なくとも8回以上，出会う必要があると言っている研究者がいます。遭遇頻度に関しての意見はさまざまですが，多読により英語のインプットを増やせば，その結果，何回も同じ単語に出会うことになります。

次の文は，*Road to Nowhere* からの引用です。

> 'What about this embankment?' asked another villager. 'How will we go to our fields beside the river?' 'There will be a passage through the embankment,' replied another official .... And he held up a large drawing of the road and the embankment.
>
> （Elementary level, p.22, Heinemann）

この数行にembankmentという語が3回出てきます。embankmentの前後に，beside the riverという語句があり，挿絵もありますので

embankment が「堤防」の意味であることが生徒に分かるでしょう。本全体（54ページ）で37回，この語が現れています。生徒は何回も繰り返して，この単語を目にするので，単語の意味が推測を通して定着すると考えていいでしょう。

　多読においては，単語を単独で目にするのではなく，単語と単語のつながりの中で目にします。文中で動詞 run が他の語句（下線部）と一緒に使われているのを見てみましょう。少年が食人種に追いかけられて逃げている場面です。

> Many men **were running** <u>towards him</u> through the jungle. He **ran** <u>down the path</u> towards the beach. The eaters-of-men were behind him … . They shouted as they **ran** <u>through the jungle</u> … . At that moment, the eaters-of-men **ran** <u>out of the jungle</u> shouting wildly. They **ran** <u>across the beach</u> … .
> 　　　　　　　　　（*The Boy Who Was Afraid*, pp.45-46, Heinemann）

どういう状況で少年や食人種が「走った」のかを生徒は理解しながら，動詞 run と他の語句との結びつきを自然と目にすることになります。

── Step 1 ／ Step 2 ／ Step 3 ／ **Step 4** ／ 解説 ──

■ **GR が準備できないときの工夫**

　教科書の新しいレッスンは新出語が多いため，多読授業には適しません。例えば英語Ⅰの教科書 *Genius* の，あるページの新出語の出現率は11％ですから，100語のうちの11語が未知語となります。また，必ず新しい構文が導入されており，推測には難しいものとなっています。GR 以外の教材を多読教材として扱うには次のような工夫ができます。

(1) SSR の教材としては，前年度に使用した教科書の文を利用できます。全員に同じプリントを配布します。前年度の教科書からの文章なので，すべて既習語であり，忘れていた単語の再定着の機会となります。高校1年の場合は中学の教科書を使います。クラスの全員

が中学で同じ教科書を使用していないかもしれませんが，中学の教科書のレベルですから未知語があっても前後関係などから意味を推測できるでしょう。
(2) 未知語の少ない易しめで重要な単語が繰り返し出てくるテキストをプリントして，週に1回，時間を決めて読ませる方法も考えられます。教師は生徒の英語力に応じて，適切な英文を絶えず探し続ける必要があります。多読のための GR の購入ができない場合は，出版社からの学校に送られてくるサンプルを利用してクラスに図書コーナーを設け，多読活動を徐々に学校全体にアピールしていくのはどうでしょうか。

※ バリエーション ※

多読における語彙の定着は偶発的なものです。語彙の定着だけに焦点を当てるなら，多読をさせながら語彙を意識化させることで，一層，定着を強めることができます。下に挙げた方法は，多読を行う前の，あるいは後の，単語の意図的学習です。ただし，この方法はあくまでも多読の妨げにならない範囲で行います。
(1) 注の利用：ある未知語に説明をつけておき，内容を読ませる前に注を提示して読ませておきます。
(2) ハイライトの利用：ある未知語をゴシック体でハイライトをしておき，辞書で意味を調べさせます。
(3) 1冊 GR を読み終わるごとに，気になった単語，気に入った表現，使い方が分かった単語，コロケーションなどについて書かせて，教室内で発表させます。

| Step 1 | Step 2 | Step 3 | Step 4 | 解説 |

■多読活動と語彙学習

　多読とは単に多くの本を読むということではありません。一般的には，レベル別読本の中から，学習者の英語力のレベルに合い，なおかつ，関心のある題材・内容の読み物を学習者自身に選択させ，ひとりで

読書をさせることです。

　なぜ多読は語彙学習に結びつくと考えられているのでしょうか。多読の目的は英語のインプットを増やすことです。多読により英語のインプットが増えますから，英語力全般への向上に効果があると考えられています。語彙に関して言えば，ある単語に出会う機会が増し，その単語が潜在意識の中に記憶されると定着に結びつきます。1冊の本を読んでいるときは，話題に関連する主要語彙に何回も繰り返し出会うことにより，この単語が学習者の頭の中にインプットされます。未知語の場合は新たに単語を学習することになり，既知語の場合は定着につながっていきます。また，気がつかないうちに高頻度語を含むコロケーションに触れることにもなります。*The Boy Who Was Afraid*（Level 3, p.34）に，make a sail for the canoe, make knives, make a raft, これに加えて，make a fire が出てきます。はじめの3つの make は「作る」の意味ですが，最後の make は「（火を）おこす，（たき火を）する」にあたります。ここでは，主人公の少年が大きな木を倒そうとするのですが，道具がないので，木の根元を火で焼いて倒そうとしている場面です。学習者は本を読んでいる最中は，make が「火をおこす」ときに使われることを意識しないで読みを進めていくでしょうが，こういう形でコロケーションに触れていくことにより，make の学習につながっていきます。

　多読において，なぜ未知語の推測ができるのでしょうか。多読では学習者は自分の英語力のレベルに合った本を読みます。本文で未知語が出てきても，他のほとんどの単語を知っていれば前後関係の文脈から意味を推測できるでしょう。また，未知語の部分がイラストで表されている場合は，意味の推測の助けになります。

　語彙が定着するには多読を通してだけではできません。偶発的語彙学習は時間がかかります。半年間，多読を続けても未知語の定着は難しいとも言われています。多読による偶発的な単語の学習だけでなく，通常の精読における意図的な単語の学習（p.15参照）が必要です。精読の中で意図的語彙学習を行い，そこで学習した単語をより深く定着あるいは再定着させるために，多読活動を併行して行い，学習者の語彙学習を促進していきます。

第Ⅳ章

語彙指導の評価

概観　語彙の評価
 1．授業での評価（実践例32～35）
 2．習熟度の評価（実践例36～38）

【概観】 語彙の評価

　指導と評価は切り離せないもので，あることを教えれば，その指導内容が学習されているかを評価する必要があります。この章では，語彙指導と学習の評価について，2つの観点から見ていきます。1つは授業での評価であり，もう1つは習熟度の評価です。

※ 授業での評価＝到達度の評価 ※

　まず，授業での評価について考えてみましょう。授業は指導計画に基づき到達目標を達成するように行われるわけですから，授業における語彙の評価は，目標をどれだけ達成したかという到達度テスト的性格を持ちます。新学習指導要領は，中学校で1200語，高等学校で1800語の語彙の学習を求めています。どのような1200語，1800語をどのように教えていくのか，また，語のどの知識の側面をどの程度まで教えていくのかを，指導計画に盛り込んでいくことになります。授業での評価は，指導計画のそれぞれの段階，例えば，単元が終わった段階，中間テストや期末テストの段階，学年が終わった段階などで，生徒がどの程度目標を達成しているかを見ることを目的とします。本書では，日々の授業で行う前時の復習単語テスト，1課ごとの復習テスト，定期テストでの語彙の評価方法の例を挙げていきます。1課ごとの復習テストは，語彙だけに特化したテストとリーディングやライティングなどの技能と組み合わせたテストを紹介します。後者は，定期テストとして応用できるでしょう。

　毎時間，前時の復習単語テストを行うことは，3つの意義があります。第1に，復習テストを行うことで，語彙を定着させるのに役立ちます。語彙を定着させるには，繰り返し覚えさせることが重要です。授業のたびに復習テストをすることは，習った語彙を定着させるのに大いに役立ちます。第2に，教師は生徒に身につけてもらいたい単語をテストする傾向にあるので，生徒に重要な語彙を知らせる効果があります。中学・高校段階で学習する単語はどれも重要語ですが，それでも復習単語テストで出題される語は特に重要であると知らせることができます。第

3に，毎回の授業で前の時間に学習した単語のテストがあると，波及効果として生徒はそれに備えるようになるので，語彙学習を習慣化させるのに役立ちます。これは，生徒がぜひ身につけるべき好ましい習慣です。

次に，語彙に限定した1課ごとの復習テストは，語彙ネットワークを形成するよい機会になります。語彙ネットワークは，さまざまな次元で単語が他の単語と結びついて形成されていきます。1課ごとの復習テストは，まず，その課のテーマに関する語彙をまとめて，ネットワークを作るのに役立ちます。また，語根を同じくする派生語をまとめることもネットワーク形成にとって重要です。派生語は課によって，出てきたり，出てこなかったりするでしょうが，1課ごとの復習テストでは，派生語のネットワークを作るのにも利用できます。

リーディングやライティングなどの技能と組み合わせた語彙テストは，単語を実際に使う運用能力を測定するものです。ただ単に知識として知っているだけでは，役に立ちません。語彙を活かして英語を運用できるかどうかを評価する必要があります。

最後に，定期テストは，学期の中間までや学期末までの目標が達成されたかどうかを見るという重要な役割があります。学期ごとの指導計画，さらに，1年間，3年間，6年間という長期の指導計画を見直すよい機会になります。また，定期テストは単元を越えた範囲が出題範囲になるので，語彙ネットワークを一層充実させることができます。課ごとのテーマを越えて，同義語，反意語，関連語，派生語，さらに発音や綴りが似た単語の結びつきのように，より大きなネットワークの形成が可能になります。

※ 習熟度の評価 ※

この章の後半（Ⅳ-2）は，語彙の習熟度の評価についてです。習熟度テストは，到達度テストと違い，到達目標に基づいたものではなく，生徒の語彙の「実力」を測るものと考えてよいでしょう。

語彙知識には，広さ（breadth），深さ（depth），流暢さ（fluency）という3つの次元があると提唱されています（Daller, Milton, & Treffers-Daller, 2007）。この3つの次元で習熟度が測定できればよいのですが，

残念ながら，広さ＝サイズ以外の次元では，信頼できる語彙テストは確立されていません。しかし，語彙サイズだけであっても，言語習熟度を予測するきわめて信頼できる指標とされています。例えば，Alderson (2000) は，語彙知識は読解テストときわめて高い相関関係にあり，テキスト理解を予測する唯一最善の指標であると述べています。それに従い，語彙サイズテストを語彙の習熟度の評価に用いることにします。

　語彙サイズを測定するテストとしては，Paul Nation が開発した The Vocabulary Levels Test や The Vocabulary Size Test が有名ですが，中学生を含めた日本人学習者の語彙サイズ測定に適しているとは言えません。本書では，「望月テスト」として知られる「日本人英語学習者のための語彙サイズテスト」（望月，1998）の筆記版とパソコン版の使用方法について説明します。これらのテストは，付属の CD-ROM に収録されているので，それを参照しながらお読みください。

　では，習熟度を測定することには，どのような効果があるのでしょうか。まず，教育課程の評価として使うことができます。教育課程に基づき指導計画を立て，授業を行うわけですが，その指導の結果，生徒の習熟度が伸びているとすれば，指導，指導計画，さらに教育課程がよいものであったと評価することができます。逆に，到達度テストでは目標を達成しているのに，習熟度テストでは伸びが見られないというような場合は，教育課程や指導計画を見直さなければならないでしょう。

　習熟度テストを用いて，生徒の習熟度の伸びを測定し，指導計画に生かしている例を紹介します。山形県の鈴木通明教諭は，筆記版「望月テスト」で生徒の語彙サイズを測定してきています。鈴木（2010）は，2008年度の高校3年生174名の春の時点での語彙サイズと，翌年1月の大学センター試験英語の成績を比較しました。その結果，センター試験で120点（6割）以上の得点を取る生徒は，3年次春の時点でほぼ全員3200語以上の語彙サイズであったことが分かりました。さらに，それらの生徒の1年次秋での平均語彙サイズは，2700語であったことも分かりました。これらの結果から，鈴木教諭は，1年次秋までに2700語，3年次春までに3200語の語彙サイズを習得させることが指導目標になると結論づけています。

この事例は，筆記版望月テストを4000語レベルまで受験させた結果，推定された語彙サイズです。望月テストは，2つの日本語に対応する英単語を，6つの選択肢から選ぶ形式のテストです。そのため，意味を書かせたり，綴りを書かせる場合の語彙サイズ測定テストより，簡単であり，語彙サイズが大きくなりやすいということが指摘できます。そのため，1年次秋で2700語という，1年生にしては大きな語彙サイズになっていると考えられます。逆に，3年次春で3200語というサイズは，4000語レベルまで受験させた結果であり，さらに上のレベルまで受験させていれば，もっと大きな語彙サイズになっていただろうと考えられます。このように，語彙サイズは，どのレベルまでテストを受験させるかによって，変わってくるので，注意が必要です。しかし，そのような限界はあるにしろ，鈴木（2010）のような事例は，学校ごとにどこに目標を置くか，その目標達成のために習熟度テストがどのように利用できるかを示すよい例です。

　生徒の語彙力の伸びの測定だけでなく，指導計画の立案にも習熟度テストを利用してみるとよいでしょう。具体的には，例えば，1年間で500語の語彙を習得させるという指導計画を立てたとします。指導開始の直後と1年の最後に同一の習熟度テストを実施し，その結果を比較します。その結果，習熟度の上昇が指導計画の目標である500語に届いていれば，指導計画はよいものだと評価できます。逆に，目標に届いていなければ，指導計画の見直しが必要となります。

Ⅳ-1. 授業での評価
【実践例32】

前時の復習単語テスト

対象……………　小学校　中学校　高校　大学
目的……………既習語の定着具合の測定
キーワード……反復学習　復習のテスト　テスト形式
準備時間………15分程度
活動時間………5分

❈ 教師の悩み ❈

　教科書では毎時間，新しい単語が出てきて教えますが，生徒がどれくらい覚えているかが分かりません。単語の小テストを行っていますが，テスト方法がワンパターンになり，新鮮味がありません。生徒にまたあのテストかと思われる同じことの繰り返しから脱却したいところです。

❈ ここで一工夫 ❈

　語彙知識にはさまざまな側面があり，それらの側面を習得しているかどうかを見るには異なる種類のテストが必要です。語形と意味の結びつきができているかどうかを測定するにも，さまざまな方法が可能です。同じ復習の単語テストでもいくつかの種類を用意し，毎回異なる形式でテストすることで，生徒が語彙知識のさまざまな側面を学習する動機付けになります。

指導の準備・授業展開

Prep 1 / Prep 2 / Step 1 / Step 2 / 解説

■復習テストとして出題したい語の選定

　前の時間に指導した範囲の中で，生徒にぜひ身につけさせたいと考える語を選定します。例えば，次のような教科書の課を教えたとします。どのような語を定着させたいでしょうか。

> 　In the early morning of January 17, 1995, the Great Hanshin-Awaji Earth quake struck the Kyoto-Osaka-Kobe area. Over 6,000 people died and more than 43,000 were injured. There were many non-Japanese victims as well as Japanese victims.
> 　Soon after that, many non-Japanese survivors returned to their home countries. They had been affected not only by the earthquake itself but also by the lack of information on what to do.
> 　Many non-Japanese said that language barriers had increased their difficulties. At the Center for Information on the Earthquake for Non-Japanese, 51　% of questions had been received in languages other than Japanese or English. "Internationalization" in Japan had been associated with English. When the earthquake occurred, however, many foreigners who needed help could understand neither English nor Japanese. Even in an international city like Kobe, non-Japanese couldn't get enough help.
>
> 　　　　　　　　　　　　　　　　　　　　　　(*Genius I*, Lesson 5)

　この教科書では，earthquake, non-Japanese, survivor, injure, information, barrier, difficulty, internationalization, associate, occur, foreigner, neither, nor を新出語として扱っています。これらの語は定着させたい語の候補になるでしょう。これに加えて，victim, affect, lack, increase などは既習語ですが，しっかり定着しているかテストしておきたい語として復習単語テストの候補に挙げられるでしょう。

| Prep 1 | **Prep 2** | Step 1 | Step 2 | 解説 |

■テスト形式の選定

　次にテストする形式を考えます。単語の形と意味の結びつきを覚えているかを見るテストは，生徒が使う知識，問題の提示方法，回答方法によって，下の表のように12通りの方式があります。生徒が使う知識とは，回答として生徒が取り出すものです。受容知識か産出知識かに分けられます。問題の提示方法とは，回答を引き出すための刺激をどのように与えるかということです。英語なのか日本語なのか，発音を聞かせるのか綴りを提示するのか，ということです。回答方法は，生徒が答えを回答する方法で，言う，書く，選ぶの3通りがあります。

[テスト形式の種類]

使う知識の種類	生徒が使う知識	問題の提示方法	回答方法	方式
受容知識	日本語の意味	英単語の発音	言う	1
			書く	2
			選ぶ	3
		英単語の綴り	言う	4
			書く	5
			選ぶ	6
発表知識	英単語の発音	日本語の単語の発音	言う	7
	英単語の綴り		書く	8
			選ぶ	9
	英単語の発音	日本語の単語の綴り	言う	10
	英単語の綴り		書く	11
			選ぶ	12

　1～3は，英単語の発音を聞かせて，日本語の意味を言わせたり，書かせたり，選ばせたりする方式です。たとえば1は，earthquake という発音を聞かせて，生徒はその意味を日本語で言うという方式です。2は，日本語の意味を書く方式です。3は，意味を「ア．生存者　イ．外

1．授業での評価　197

国人　ウ．地震　エ．情報」のような選択肢のなかから選ぶ方式です。理論上は，英語の発音を聞いて，日本語の意味を，発音された日本語の中から選ぶという方式が可能ですが，実施されることはまずないので除外してあります。

　4〜6は，英単語の綴りを見て，日本語の意味を言わせたり，書かせたり，選ばせたりする方式です。7〜9は日本語の意味を聞いて，それに相当する英単語を言ったり，書いたり，選択させたりする方式です。10〜12は，日本語の単語の綴りが刺激として提示される方式です。

| Prep 1 | Prep 2 | **Step 1** | Step 2 | 解説 |

　単語の小テストとしては，B5判の用紙を半分にした白紙の紙を配って，教師が発音した英単語を書き取らせ，その意味を書かせるという方法が手軽で，広く実施されています。そのような方法に変化を持たせるために，次のようなフォーマットのテスト用紙を使って，復習の単語テストを実施してみてはどうでしょうか。

[小テストのフォーマット]

フォーマット1

聞き取った英単語の意味を書きましょう。
　例．＿＿＿＿地　震＿＿＿＿
　1．＿＿＿＿＿＿＿＿＿＿
　2．＿＿＿＿＿＿＿＿＿＿
　3．＿＿＿＿＿＿＿＿＿＿
　4．＿＿＿＿＿＿＿＿＿＿
　5．＿＿＿＿＿＿＿＿＿＿

フォーマット2

聞き取った英単語を書き，日本語の意味を書きましょう。
　例．earthquake　　地震
　1．＿＿＿＿＿　＿＿＿＿
　2．＿＿＿＿＿　＿＿＿＿
　3．＿＿＿＿＿　＿＿＿＿
　4．＿＿＿＿＿　＿＿＿＿
　5．＿＿＿＿＿　＿＿＿＿

フォーマット3

聞き取った英単語の意味を選びましょう。

ア．障壁　イ．生存者　ウ．起こる
エ．外国人　オ．困難　カ．地震

1. ＿＿＿＿＿＿＿＿
2. ＿＿＿＿＿＿＿＿
3. ＿＿＿＿＿＿＿＿
4. ＿＿＿＿＿＿＿＿

フォーマット4

聞こえた日本語の意味を表す英語を選びましょう。

ア．barrier　　イ．survivor
ウ．occur　　エ．foreigner
オ．difficulty　カ．earthquake

1. ＿＿＿＿＿＿＿＿＿＿＿
2. ＿＿＿＿＿＿＿＿＿＿＿
3. ＿＿＿＿＿＿＿＿＿＿＿

フォーマット5

英単語に当てはまる日本語の意味を書きましょう。

例．earthquake　　地震
1. survivor　　＿＿＿＿＿
2. barrier　　＿＿＿＿＿
3. occur　　＿＿＿＿＿
4. foreigner　　＿＿＿＿＿
5. difficulty　　＿＿＿＿＿

フォーマット6

英単語に当てはまる日本語の意味を選びましょう。

ア．障壁　イ．生存者　ウ．起こる
エ．外国人　オ．困難　カ．地震

例．earthquake　　カ
1. survivor　　＿＿＿＿＿
2. barrier　　＿＿＿＿＿
3. foreigner　　＿＿＿＿＿

フォーマット7

日本語の意味を表す英単語を書きましょう。

例．地震　　earthquake
1. 生存者　　＿＿＿＿＿
2. 障壁　　＿＿＿＿＿
3. 起こる　　＿＿＿＿＿
4. 外国人　　＿＿＿＿＿
5. 困難　　＿＿＿＿＿

フォーマット8

日本語の意味を表す英単語を選びましょう。

ア．barrier　　イ．survivor
ウ．occur　　エ．foreigner
オ．difficulty　カ．earthquake

1. 生存者　　＿＿＿＿＿＿
2. 障壁　　＿＿＿＿＿＿
3. 起こる　　＿＿＿＿＿＿

p. 197の方式1, 4, 7, 10は, 回答方法が「言う」なので, 解答用紙は必要ありません。方式4と7は, 問題を文字で提示するので, テスト用紙が必要になることもあります。

　方式2と8のように音声刺激に対して答えを書かせる場合には, フォーマット1がよいでしょう。方式2では, フォーマット2のように, 問題として発音された単語を書き取ってから, その意味を書くというテストがよく行われています。フォーマット1と2は実質的に白紙を渡す方法と変わりません。

　スローラーナーの場合, 音声で問題が提示される際に, 即座には回答できなくても, 少し時間がたってから分かることがあります。しかし, 何番の問題だったか分からず, 回答できないこともあるでしょう。スローラーナーの場合は, 音声で問題を提示する方式では, フォーマット2を使い, まず日本語や英語の問題を書き取らせ, それから解答となる英単語や意味を書かせるのがよいでしょう。

　方式3と9では, 英単語の発音や日本語を聞いて, 意味や綴りを選ぶので, それぞれフォーマット3と4がよいでしょう。ア～カの選択肢から発音された単語と合うものを選びます。

　方式5は, 英単語の綴りが与えられて, その意味を日本語で書く問題です。フォーマット5のようになります。方式6では, フォーマット6のように日本語の選択肢がつきます。

　方式11は, 日本語が与えられて, それに相当する英単語を書く問題です。フォーマット7のようになります。方式12では, フォーマット8のように英語の選択肢がつきます。

| Prep 1 | Prep 2 | Step 1 | **Step 2** | 解説 |

　さて, ここまで綴りを書かせたり, 選ばせたりする方式を扱ってきました。方式1, 4, 7, 10のように答えを口頭で言わせる場合はどうしたらよいのでしょうか。英単語やその意味を言わせるのは, 1人の生徒をテストする場合は便利な方法です。しかし, 多数の生徒を同時にテストするのは, 普通教室では難しいでしょう。LLやコンピュータ教室な

ど1人ひとりの生徒が自分の音声を録音できる状況であれば，多数の生徒を同時にテストすることができます。また，生徒同士でペアになり，言った意味や英単語が正しいかを確認して，正解した数をお互いに記入させることもできます。毎回，毎週でなく，月に1回あるいは1学期に1回であっても，日本語から英単語を産出させ発音させてテストすることは，英単語を言えるように練習する必要があると生徒に感じさせるという望ましい波及効果をもたらします。

| Prep 1 | Prep 2 | Step 1 | Step 2 | **解説** |

　前時の復習として単語テストを実施する場合は，教師が発音したり，CDで聞かせた英単語を書き取らせ，その意味を書かせることがあります。しかし，これは実はたいへん難しい形式だと考えられています。Laufer and Goldstein（2004）は，英語学習者の単語の知識は少し知っているレベルから詳しく知っているレベルまで連続体を形成していると述べています。つまり，語彙知識の強さは，少しだけ知っている語もあれば詳しく知っている語もあるわけですが，個々の語についての知識が徐々に増えていくと考えられます。

　この考え方に基づくと，方式3，6，9，12のような選択問題は，学習が進んでいない覚えたての単語の知識を測るのに適していると言えます。英語から日本語を書かせる方式は，少し学習が進んだ段階にふさわしいでしょう。日本語から英語を書かせる方式は，一番学習が進んだ状態であるかどうかをテストすることになります。

　この一番難しい方式で毎回復習テストをすることは，覚えたばかりのわずかな単語知識を測定できず，生徒のやる気をそぐ結果を招きかねません。毎回テストの方式を変えて，易しいテスト方式のときには，学習が進んでいない生徒でもある程度得点できるようにしてあげれば，英語が嫌いになりかけている生徒にやる気を起こさせることができるでしょう。最初は簡単な形式で行い，中間・期末テストではより難しい形式で出題するなども1つの方法でしょう。

Ⅳ-1. 授業での評価
【実践例33】

1課ごとの復習テスト

対象……………　| 小学校 | **中学校** | **高　校** | **大　学** |

目的……………新出語と既習語のさまざまな知識の定着具合を測定する

キーワード……復習のテスト　新出語　既習語

準備時間………30分程度　◐

活動時間………10分　◔

❄ 教師の悩み ❄

　教科書の1つの課が終わったときに，その課の重要語が定着しているかの復習テストをしたいのですが，なかなかよいアイディアが浮かびません。どのようなテストが考えられるでしょうか。また，そのテストはどのように準備して作成すればよいのでしょうか。

❄ ここで一工夫 ❄

　語の知識は，語形を意味と結びつけて知ることが基本ですが，それ以外に，同義語や反意語，コロケーション，派生語を知っているなどさまざまなものがあります。1つの課が終わったところで，新出語や既習語の知識がどのように定着しているかを調べるテストをしてみましょう。まずどのような準備をしたらよいかから考えてみます。

※ 指導の準備・授業展開 ※

| Case 1 | Case 2 | Case 3 | Case 4 | 解説 |

■テスト1　評価対象語の特定／受容的知識を新文脈でテストする

　英語Ⅰの1つのレッスンが終わった後の復習テストを考えてみます。ここでは，*Genius I* の Lesson 1 The World of Street Performers を例にとります。この課では，attract, competition, regular, flexible など27語が新出語として扱われています。さらに，excited, improve, create, common のような高頻度語が中学既習語として扱われていますが，このような語の定着の具合も評価したいものです。1つの課が終わったときに，まず新出語や既習語で定着を評価したい語のリストを作るとよいでしょう。

　次に，どのような語の知識の側面を評価したいのかを考えます。例えば，綴りを提示されたときに意味が分かればよい受容的な知識なのか，意味が提示されたときに正確に綴ることができる発表的な知識なのかなどです。他には，同義語や反意語，コロケーションが分かる，書けるなどが挙げられます。

　1つの例として，受容的な知識の評価で，マッチングによる空所補充方式を考えてみましょう。次のページの例のように単語を選ばせる方式では，同じ品詞の語を目標語にすることが大切です。異なる品詞では，意味ではなく，語形で解答できることがあるからです。regular, flexible, common の3語を目標語，excited を錯乱肢とするマッチング形式を考えます。最後の問題も考えて解答させるために，問題数より多い選択肢を準備することを勧めます。

　また，選択方式では，教科書と同じ文脈を使うと，単語の意味を覚えていなくても，他の語との結びつきからなんとなく分かってしまうことがあります。英英辞典などの例文をもとに，生徒が理解できる新しい文脈を考えます。

> 次の文の（　）に入れるのに最も適切な語を下から選びなさい。
>
> (1) My father goes to work at 11:00 because his company has a (　) working hours system.
> (2) Cherry trees are (　) in Japan.
> (3) She has (　) meetings with her boss on Monday.
>
> 　　　[common　　excited　　flexible　　regular]

[解答] (1) flexible　(2) common　(3) regular

\ Case 1 \ Case 2 \ Case 3 \ Case 4 \ 解説

■テスト2　発表的知識を教科書の文脈でテストする

　発表的知識を評価する場合，新しい文脈で意味を考えさせて，単語を使用させるのはかなり難易度が高くなります。学習した課の文脈を使うのがよいでしょう。

　次のように，文章から単語を抜き出すことができます。発表的知識を測定する場合は，受容的知識を評価する場合と異なり，目標語の品詞を統一させる必要はありません。

> 次の文章の（　）に入れるのに最も適切な語を書き入れなさい。
>
> 　Meet Mr. "Thank You" Tezuka, a pantomime artist. He traveled the world and learned how to perform without words. After winning street performance (　1　) and appearing on television, he became popular. But it wasn't always like that. At first he found performing hard, but he continued because he was (　2　) to the connection with the audience. "Thanks to my performances," he says, "I can communicate (　3　) with people."

[解答] (1) competitions　(2) attracted　(3) directly

少し容易にするならば，（1．c...），（2．a...），（3．d...）のように単語の最初の文字を示すことができます。逆に少し難易度を上げるならば，次のように，目標語のある文だけを提示する方法もあります。

(1) After winning street performance (　　) and appearing on television, he became popular.

| Case 1 | Case 2 | **Case 3** | Case 4 | 解説 |

■テスト3　コロケーションをテストする

　定着を測りたいのは語形と意味の結びつきだけではありません。ある単語が他のどの単語と一緒に使われるのかを知ることも重要です。この課では，次のようなコロケーションが使われています。

　　win a competition　　　コンテストで優勝する
　　draw a portrait　　　　肖像画を描く
　　create a warm feeling　温かい気持ちにさせる

　コロケーションは，イディオム度が高いものを除けば，読んで意味が分かるものが多いでしょう。ですから，それらの語の結びつきが特別なものであるという感覚がありません。したがって，コロケーションであることを示してやり，それを使うと英語らしくなることを教えることは意義深いことです。特に，話したり，書いたりするときにコロケーションを使いこなすのはたいへん難しいです。そこで，少しテスト形式を制限した形式で，発表的にコロケーションが使えるかどうかを測定する方法を工夫してみましょう。

　テストで最も難しいのは，日本語から英語のコロケーションを手がかりなしに書かせることです。もしそれでは難しすぎるという場合は，コロケーションの主要な語のみを書かせたりすることもできます。

```
日本語の意味を表すように（　）に適切な語を書き入れなさい。
  (1) コンテストで優勝する　＝（　　　　）a（　　　　　）
  (2) 肖像画を描く　　　　　＝（　　　　）a（　　　　　）
  (3) 温かい気持ちにさせる　＝（　　　　）a warm（　　　）
```

難易度を下げるならば，単語1つだけを産出させる，あるいは，選択肢を与える方法が考えられます。

```
日本語の意味を表すように（　）に適切な語を書き入れなさい。
  (1) コンテストで優勝する　＝（　　　　）a competition
  (2) 肖像画を描く　　　　　＝（　　　　）a portrait
  (3) 温かい気持ちにさせる　＝（　　　　）a warm feeling
```

| Case 1 | Case 2 | Case 3 | **Case 4** | 解説 |

■テスト4　関連語をテストする

　基本語に接辞が付いた派生語，同義語，反意語を関連語と呼ぶことにしましょう。art に接尾辞 -ist が付いた artist，travel と意味が近い trip，directly に否定の接頭辞 in- が付いた indirectly は派生語でもあり反意語にもなります。このような語を関連語とします。

　関連語のテスト方法としては，この課の最後に Vocabulary として載せられている，次のような練習問題が挙げられます。

CとDの関係がAとBの関係と同じになるように，Dの（　）内に適切な語を記入しなさい。

A	B	C	D
paint	painter	art	（　　　）
travel	traveler	magic	（　　　）
connect	connection	perform	（　　　）
laugh	laughter	communicate	（　　　）

このようなテスト作成で大切なことは，A〜Dで使われる語はすべて既習であること，特にAとBの関係がどのようなものかがすぐ分かるものにすることです。
　このような表を作成するのが難しい場合は，日本語で指示を出して関連語を書かせる形式のテストも可能です。

（　　）内の指示に従って次の単語を関連語に書き換えなさい。
　(1) perform（名詞に）　　　　（　　　　　　　）
　(2) communication（動詞に）　（　　　　　　　）
　(3) directly（反意語に）　　　（　　　　　　　）

［解答］(1) performance, performer　(2) communicate　(3) indirectly

　directly の反意語 indirectly は，教科書には出てきません。しかし，語彙学習方略の1つとして接辞による語彙の増大は効果的です。否定の意味を持つ接頭辞 in- を directly とともに教えたならば，上のようにテストすることもできるでしょう。

Case 1 ＼ Case 2 ＼ Case 3 ＼ Case 4 ＼ 解説

　1つの課が終わったときに行う単語テストは，生徒がどれくらい単語を覚えたか，どのレベルまで習得しているかを測定するのに役立ちます。語形と意味の結びつきだけをテストするのでなく，語の知識のさまざまな側面をテストすることで，波及効果としてそのようなテストに対応できる語彙力を日常の家庭学習を通じて身につけなければならないことを生徒に知らせることもできます。

Ⅳ-1. 授業の評価
【実践例34】
1課ごとのリーディング型テスト

対象……………　| 小学校 | 中学校 | 高　校 | 大　学 |
目的……………新出語の綴り・意味の定着を確認する
キーワード……復習　綴り　意味
準備時間………20分
活動時間………15分

※ 教師の悩み ※

　教科書の1課が終わった後で，新出語の綴りと意味を覚えたかを確認したいと思います。毎回授業で行っているような1語ごとのテストとは違う方法でテストしてみたいのですが，何かよい方法はないでしょうか。また本文の意味理解をした後で，あまり本文の英語を利用していないのも気になっています。

※ ここで一工夫 ※

　教科書の読解に基づき語彙の受容的・発表的知識の定着を図るテストをやってみましょう。1課の内容を簡単に表す図や表を作り，新出語を空欄にしてテストします。本文を思い出しながら図や表を埋めることで，本文の文脈の中での新出語の綴りと意味を確認することができます。このテストを解くためには，語を覚えるだけでなく，本文の内容を理解し，簡潔にまとめられた図や表を読み取る力も要求されます。このような問題をテストに出題することで，生徒はテストの前に本文を読み直し，英語表現を確認するでしょう。

指導の準備・授業展開

| Case 1 | Case 2 | Case 3 | Step | 解説 |

　右脳型・左脳型の人の特徴が書かれた課（*Captain Ⅱ*, Lesson 1）の本文理解が終わったとします。この課では，人が右脳型か左脳型かを調べる2つの方法（どちらの足で立つのが好きか・腕を組むとどちらの腕が上にくるか）が紹介されていました。

　まず，新出語を意図的に入れた図や表を作ります。図や表は全部英語でまとめてもよいですが，生徒の理解度に合わせて，テスト1のように日本語を一部に入れてもよいでしょう。次に，空欄にする箇所を決め，以下のようにテストを作ります。

［テスト1］

下の表は，教科書の本文の内容をまとめたものです。本文に合うように，下のリストから適語を選び，（　）に記入しましょう。

よく使う脳のタイプ	left-brained	(1) (　　　　)
Stand on one of your legs. Which leg do you (2) (　　) to stand on?	right leg	left leg
(3) When you (　　) your arms, which arm is on top?	right arm	left arm
特徴	(4) (　　　　)	see things as a (5) (　　　　)
何に使われるか	(6) (　　) thinking	(7) (　　) thinking
どんな人がこの脳の特徴を持つ可能性があるか	(8) (　　　　)	artists

analytical, creative, fold, logical, prefer, right-brained, scientists, whole

［解答］(1) right-brained　(2) prefer　(3) fold　(4) analytical　(5) whole
　　　　(6) logical　(7) creative　(8) scientists

この課に新出語は12語ありますが，その中で図や表に入れることができ，覚えてほしい語をテストします。テストする語が多すぎると難しくなるので，空欄を抜きすぎないように注意しましょう。新出語以外にも，特に覚えてほしい既出語（ここでは scientists）を出題することもできます。リストに入れる語はアルファベット順に並べたり，無作為に並べたりして，解く際のヒントにならないように気を付けます。

※ バリエーション ※
　テストを難しくするためには，以下3つの方法がとれます。(1)から(3)の順で難易度が上がります。

(1) 語のリストに，同じ課に出てきた新出語で正解にならない語（reliable や equally）を入れる。
(2) 語のリストはつけずに，(r　　　) のように空欄に語の最初の数文字のみを出して，語を書かせる。
(3) ヒントなしに（　　　）だけ提示し，記入させる。

　逆にテストを易しくするためには，①空欄の数を減らしたり，②テスト前に本文の内容を再確認したりすることができます。しかし，本文を見ながら解かせることはお勧めしません。空欄に当てはまる語を，本文と語のリストから探し出して埋めるだけの単純な作業になってしまうためです。

| Case 1 | Case 2 | Case 3 | Step | 解説 |

　同じ課の内容を図で表したものがテスト2です。本文では logical thinking, creative thinking と書かれていた部分を少し変えて think logically, think creatively としてみました。生徒が理解できたり指導できたりする範囲で，このように言い換えることも可能です。

[テスト2]

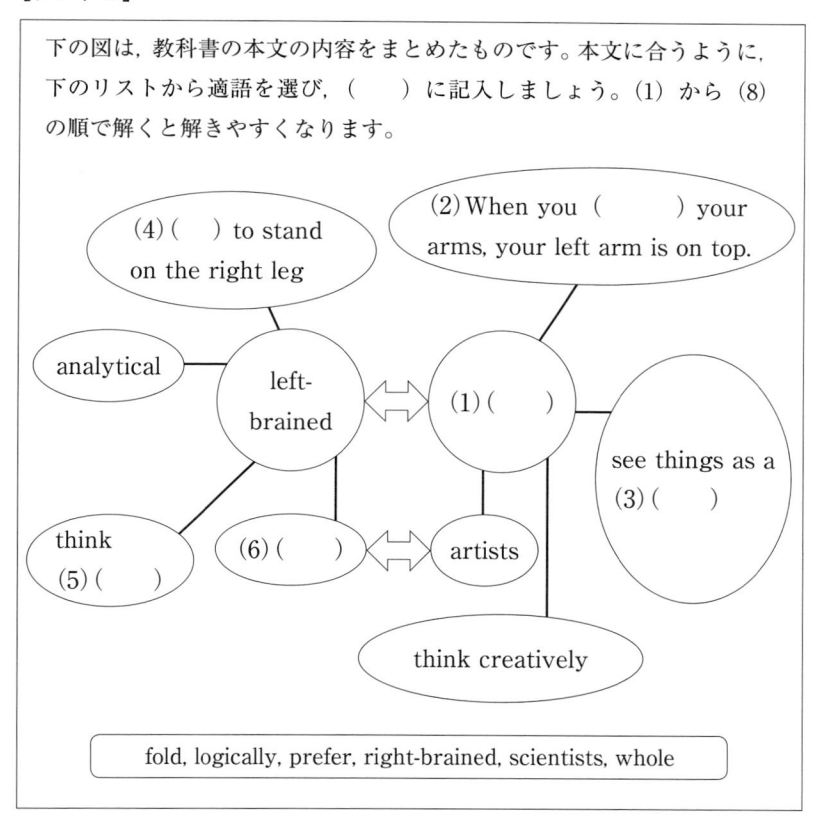

下の図は，教科書の本文の内容をまとめたものです。本文に合うように，下のリストから適語を選び，（　）に記入しましょう。(1)から(8)の順で解くと解きやすくなります。

- (4)(　) to stand on the right leg
- (2) When you (　) your arms, your left arm is on top.
- analytical
- left-brained
- (1)(　)
- see things as a (3)(　)
- think (5)(　)
- (6)(　)
- artists
- think creatively

fold, logically, prefer, right-brained, scientists, whole

[解答] (1) right-brained　(2) fold　(3) whole　(4) prefer　(5) logically　(6) scientists

| Case 1 | Case 2 | **Case 3** | Step | 解説 |

　Case 1 と Case 2 は，2つのものを比較・対照する構造を持った本文での例でした。以下，他の文章構造の本文を用いたテストを2つ紹介します。絵を使う場合，自分で書いても教科書から探してもよいですが，テスト3のように，無料で使えるクリップアートから探して使用することもできます（Microsoft, 2010）。

■物語文のテスト（*Captain* II Lesson 5 に基づく。時系列・因果関係の構造もこれに準ずる）

[テスト3]

下の図は，教科書の本文の内容をまとめたものです。本文に合うように，下のリストから適語を選び，（　）に記入しましょう。

Koji was on a train.

Are you riding free?

A (1) (　　　) was angry.
A man looked (2) (　　　)

A (3) (　　　) exchanged quick hand (4) (　　　) with the man.
The (3) (　　　) handed the conductor a (5) (　　　). It said, "The man can't find" his ticket.

Koji was (6) (　　　). He began to learn (7) (　　　) language from the gentleman.

conductor, gentleman, helpless, impressed, movement, note, sign

［解答］(1) conductor (2) helpless (3) gentleman (4) movement (5) note
(6) impressed (7) sign

■説明文のテスト（*Captain* II Lesson 6 に基づく）

構造が作りにくいときは，文を箇条書きにする形でもかまいません。

[テスト4]

> 下の文は，教科書の本文の内容をまとめたものです。本文に合うように，下のリストから適語を選び，（　　）に記入しましょう。2回以上使う語はありません。
> (1) Frogs need to live on land and in water to (　　　　).
> (2) They are (　　　　) to the changes in the environment.
> (3) Many frogs are (　　　　) all over the world.
> (4) It means that our environment is in (　　　　).
>
> > bare, danger, harm, sensitive, survive, vanishing

[解答] (1) survive (2) sensitive (3) vanishing (4) danger

Case 1 / Case 2 / Case 3 / **Step** / 解説

　テストの答案を返したら，自分が不正解だった語について，なぜ正解できなかったのかを考えさせましょう。語の意味が分からなかったのか，本文の内容を誤って覚えていたのか，それ以外の理由からなのかを，色ペンで記入させます。語の意味が分からなかった場合には再度覚えるように，本文の理解不足であれば再度本文を読むように伝え，テストの結果を今後の学習に生かすよう励ましていきましょう。

Case 1 / Case 2 / Case 3 / Step / **解説**

　本実践例は，本文の全体か一部が図や表で表せるときに適した方法です。完成した図や表は，教科書の内容に基づいた語彙のネットワークを示すと考えられ，語彙のネットワークを頭の中に構築するためにも有効です。実践例34と35でのテストは，語彙を1語1語個別に評価する形式ではなく，語彙を文脈の中で使えるかを見る形式をとっています。個別型と文脈型のテストはそれぞれ語彙の異なる側面を評価できるため，バランスよく実施していくべきでしょう。

Ⅳ-1. 授業での評価
【実践例35】
1課ごとのライティング型テスト

対象	小学校	中学校	高校	大学

目的………………1課で学んだ語彙を使って文を作らせる
キーワード………復習　綴り　語の使用
準備時間…………5分
活動時間…………10分

※ 教師の悩み ※

　教科書で出てきた基本的な語を使えるかをテストしたいと思います。単語を提示して,それを使って身近なことを表す活動はよく行いますが,いつも同じやり方だと生徒は飽きてしまいます。それ以外の方法はないでしょうか。また,教科書の内容を一通り確認し,教科書の問題を解いた後に,あまり本文の英語を使っていないのもよくないと感じています。

※ ここで一工夫 ※

　既習の語彙を使い,教科書で理解した内容について書かせるテストを行ってみましょう。1語1語の意味と綴りが分かったら,文脈の中で書いたり話したりする習慣を付けるのにも役立ちます。本文の文脈に合わせて語を使って書くことで,語彙を発表的に使う訓練になります。ある程度の自由度を持ったこの形式を取り入れることにより,学んだ語を積極的に使うという良い波及効果が得られるでしょう。

※ 指導の準備・授業展開 ※

| Case 1 | Case 2 | Case 3 | 解説 |

■教科書の絵・写真を使ったテスト形式・1（語レベル）

　テスト範囲の新出語と既習語の中で，将来書くときや話すときに生徒に使ってほしいと思う語を選びます。例えば，challenge, advise, encourage がそれに該当するとします（*Captain Ⅱ*, Lesson 9）。

　次に，それらの語を連想するような絵（または写真）を教科書から選びます。この課では，大平光代さんが苦境の中で知人に出会い，そのアドバイスで弁護士を目指し，夢をかなえた話が紹介されており，テストでは，知人から助言を受けている場面の絵を使います。

(1) この絵を説明するときに使う英単語を5個書き出しましょう。1語は始めの数文字を指定しています。できるだけ教科書で学んだ語を書きましょう。

en_____　_____
　　　　　　　　　　　　…

［解答例］encourage, advise, challenge, take, exam

　テストで引き出したいと考えた語の中で，絵からすぐに連想できる語については，指示は必要ありません。例えば，advise, challenge は教科書の内容を覚えている生徒であれば書くでしょう。一方，なかなか連想しにくかったり難しかったりする語（encourage）については，最初の数文字を指定して引き出した方がよいでしょう。それでも，他の語（例：enjoy）を書く生徒もいるでしょうが，絵に合う語なら正解とします。

| Case 1 | **Case 2** | Case 3 | 解説 |

■教科書の絵・写真を使ったテスト形式・2（文レベル）

　次に，Case 1 で使った絵を使って，文を引き出します。

1．授業での評価　215

(2) タイの友達に，電子メールでこの絵を添付して送り，絵の説明をしようと思います。(1)で書いた語を全部使って，この絵を英語で説明しましょう。また，(1)で書いた語には下線を引きましょう。

[解答例]（下線部が出題を意図した語）: The man <u>encouraged</u> Ms. Ohira. He said, "You should <u>challenge</u> yourself." He <u>advised</u> her to <u>take</u> the difficult exam.

　この問いには，「タイの友達に電子メールで絵を説明する」という状況設定を付けました。こうすることで，英語を誰になぜ書くのかという状況がはっきりし，現実世界に近いライティングとなります。

　採点基準は指導目標に沿って決めます。例えば目標を一定時間内に多くの文を書けることとし，流暢さに力を置いて授業を行ってきた場合には，誤解が生じるような大きな文法の誤りだけ減点することにします。そのときには，(1)で挙げた語が（誤解が起きない程度に正確に）1語使えていれば1点与え，5語すべて使えたときには5点満点とすることができます。いずれにせよ，採点基準を前もって明確に決めておき，採点するときにぶれないようにすることが大切です。

| Case 1 | Case 2 | **Case 3** | 解説 |

■状況から語と文を引き出すテスト形式

　絵・写真がなくても，状況を指定することで，テストしたい語で文が作れるかを見ることができます。例えば，マンガ Shittaka-butta についての課（*Captain II*, Lesson 3）で出てきた weak, useless, nervous, feel anxious を使わせたいとします。

(1) 日本語の意味に合う英単語を書きましょう。
　　(a) 弱い　　(w　　　　)　　(b) 役に立たない (u　　　　　　)
　　(c) 神経質な (n　　　　)　　(d) 不安に思う　feel(a　　　　　)

(2) Shittaka-butta の性格について、フランスの友達に電子メールで説明するつもりで書いてください。(1)の語を全部使い、10語以上で英文を書きましょう。　　　　　　　　　　　　　　　　　　　［解答欄省略］

［解答例］ Shittaka-butta thinks that he is a weak, useless, and nervous pig. He often feels anxious. (15語)

「10語以上で」と指定したのは、単純な文に指定の語を入れて書くだけにならないように、ある程度の量を書かせるためです。(2)の採点基準は、例えば、本文の内容に合う文を指定の語を使って書いたときには最大で4点、さらに10語以上で書いたときには1点追加などと基準を決めておきます。文法上の誤りがなかった場合にさらに加点するかは状況に応じて決めます。文法の正確さを考慮する場合でも、文法の誤りがあるたびに1点減点すると、多く書いた生徒の点数が低くなりやすいため、誤解の起きない程度に正確な文（例：*Shittaka-butta think he weak, useless, nervous pig.）が書けたら加点するなどの方法をとるとよいでしょう。

/ Case 1 / Case 2 / Case 3 / **解説**

実践例32〜35では、教科書に基づいて作れるテスト形式を紹介してきました。では、定期テスト（中間・期末・学年末テスト）で語彙はどのように出題したらよいでしょうか。定期テストは学んだことをどの程度習得したかを見る「到達度テスト」ですので、原則として、授業中に行った小テストや課のまとめテストと同じ問題を出してかまいません。ただし、全く同じ問題ですと、授業のプリントを丸暗記することで解けてしまい、実際に語彙力として定着しているかが見られないこともあります。そのため、授業中と形式は同じでもテストする語を変えたり、テストする語が同じでも形式は変えたりというように変化をつけて出題するとよいでしょう。テストの前には、どのような形式が出るか、どんな語彙をテストに出すかなどを伝えておくと、それに向けて生徒は勉強し、良い波及効果が得られると考えられます。

Ⅳ-2. 習熟度の評価
【実践例36】

筆記版語彙サイズテスト

| 対象 | 小学校 | 中学校 | 高　校 | 大　学 |

目的……………語彙の習熟度を確認する
キーワード……語彙サイズ　習熟度　測定
準備時間………5分 🕐
実施時間………1レベル5分 🕐
準備するもの…筆記版語彙サイズテスト（付属CD-ROM収録）

❀ 教師の悩み ❀

生徒のレベルにあった教材を見つけるために，生徒がどのくらいの語彙を知っているかを調べたいと思います。授業中に簡単に実施できるテストはありませんか。

❀ ここで一工夫 ❀

授業とは直接関連しない語彙を使って，語彙がどの程度身についているかを測るテストは「習熟度（熟達度）テスト」であり，授業で学んだ語彙がどの程度身についているかを測るテストである「到達度テスト」とは異なります。

英語の綴り・発音・意味が分かる語がどれくらいあるかを「語彙サイズ」と言いますが，この実践例では，日本人英語学習者のために開発された語彙サイズテスト（通称，望月テスト）の筆記版を紹介します。このテストを受ければ，生徒の大まかな語彙サイズが分かり，どのくらいの語彙が身についているのかを知ることができます。また，期間を置いて何度か実施すれば，生徒の語彙サイズの伸びをみることもできます。

※ **指導の準備・授業展開** ※

| Prep 1 | Prep 2 | Step | 解説 |

　付属 CD-ROM 収録の「筆記版語彙サイズテスト」のフォルダを開きます。筆記版語彙サイズテストには第1版・第2版・第3版があり，それぞれ使っている語は異なりますが，難易度は同じです（片桐・望月，2002）。3つの版のうちどれかを選んでください。同じ版を繰り返し使うと練習効果で点数が上がりやすくなるため，何度も実施する場合には，例えば1回目は第1版，2回目は第2版を使うなど版を変えましょう。

　「第1版筆記」のファイルを開けると，「語彙サイズ測定テスト vst11」と書いてあります。「vst11」は Vocabulary Size Test の1000語レベル・第1版の意味です。

| Prep 1 | **Prep 2** | Step | 解説 |

　語彙サイズテストは，次のテスト形式になります。

日本語の意味を表す英語を (1)～(6) の中から選び，その番号を解答欄に書き入れなさい．
・・・
　1．丸い入れ物　　　　2．クッションのある長椅子
(1) bath　　(2) lamp　　(3) phone　　(4) pot　　(5) sofa
(6) stove

[解答] 1. (4)　2. (5)

　1つの版には，1000語から7000語レベルまでの7レベルがあります。各レベルには26問あり，その結果から各1000語がどの程度身についているかを推定します。

　語彙サイズテストは7000語までありますが，教えている生徒の学習段階に応じ，中学生なら1000語レベルのみ，高校生ならば3000語まで，または5000語レベルまでなど，実施するレベルを自由に選ぶことができま

す。実施するレベルを決めるには，(1) 平成21年公示の学習指導要領で扱う新出語は中学校で1200語・高校で1800語であること，(2) 筆記版語彙サイズテストの6000語レベルまでを5校の都立・県立高校の高1から高3対象に実施し，語彙サイズの平均が2788語から3853語だったという結果（八島, 2002）などを参考にするとよいでしょう。高校3年間での伸びを見る目的でテストを複数年に渡って実施するときには，3年後の伸びを見越して難しめのレベルも入れておくことをお勧めします。

　語彙サイズテストは多肢選択式ですので，当て推量で正解する場合もあり，推定語彙サイズは高く出る傾向があります（⇨第Ⅳ章概説）。可能ならば少し上のレベルまで入れておくとよいでしょう。

| Prep 1 | Prep 2 | **Step** | 解説 |

　テスト実施後，付属 CD-ROM の「筆記版解答」ファイルにある解答を見ながら採点します（「筆記版語彙サイズテスト関連 Excel」ファイルにも「筆記版解答」タブがあり，同じ情報が入っています）。正答数を数え，以下の計算式を使って推定語彙サイズを計算します。

$$\text{推定語彙サイズ} = \text{正答数} \div 26 \times 1000$$

　もし，5000語レベルまでを実施し130問中正解が109個だった場合は，5000語中4192語の語彙サイズがあると推定されます。1000語を26語で推定するため，1問は約38語に相当します。「筆記版語彙サイズテスト関連 Excel」ファイルの「筆記版推定語彙サイズ」のタブを使えば，正答数を入力するだけで計算ができます。「筆記版・パソコン版 feedback_sheet」タブの指定箇所に，各レベルでの推定語彙サイズを入力すれば，自動的にグラフが描かれ，フィードバックシートとして使えます。

※ バリエーション ※

　全体の推定語彙サイズを出すだけでなく，各レベルでの語彙サイズも出しておきましょう。計算式は同じで，Excel でも計算できます。

　各レベルでの語彙サイズを知っておくと指導に役立ちます。例えば，

同じ130問中正解が109個の生徒でも正解の内訳が異なることがあります。表1の生徒Aは，2000語レベルまでは全部解け，3000語レベルから語彙サイズが徐々に小さくなっています。生徒Aが語彙を復習するとすれば，3000語レベルの語彙をリストで確認した後，4000語レベルから本格的に語彙の補強をするとよいことが分かります。一方生徒Bは，レベルが上がるにつれて徐々に語彙サイズが下がっていますが，1000語レベルでも完全に習得はしていないようです。重要な語彙が十分には身についていない中で，大学受験用の単語集を使って頻度が低い語を覚えてきた生徒かもしれません。生徒Bが語彙を復習するとすれば，1000語レベルの語彙を確認した後に，2000語レベルから習得していない語彙を覚えるように指導できるでしょう。

表1　語彙サイズの診断結果

	1000語	2000語	3000語	4000語	5000語	全体の語彙サイズ
生徒A	1000	1000	962	692	538	4192
生徒B	962	885	846	769	731	4192

Prep 1 / Prep 2 / Step / **解説**

　筆記版語彙サイズテストは，北海道大学英語語彙表（北海道大学言語文化部英語教育系，2003）に基づいて作られたテストです。望月（1998）で発表された第1版は1レベルに30問ありましたが，その後第2版・第3版が作られる過程で改良され，1レベル26問になっています。

　筆記版語彙サイズテストを使うことで，語彙サイズの伸びを調べたり（八島，2002など），語彙テストの結果から入試での得点や英語力全般を予測したりすることができます（太田・金谷・小菅・日臺，2003；鈴木，2010など）。また，筆記版のテストの性質はすでに検証されており（Kasahara, 2006；望月，1998など），同じと見なせる3つの版があり，実施しやすいという利点があります。

Ⅳ-2．習熟度の評価
【実践例37】

パソコン版語彙サイズテスト

対象………… 小学校　中学校　│高　校│　大　学
目的……………語彙の習熟度を確認する
キーワード……語彙サイズ　語彙アクセス　測定
準備時間………5分　　　　　活動時間………1レベル2分
準備するもの…パソコン版語彙サイズテスト（付属CD-ROM収録），パソコン

教師の悩み

　実践例36の筆記版語彙サイズテストだと，テストを印刷しなければならず，テスト後に採点するのにも時間がかかり，テスト実施をためらってしまいます。また，筆記版だと，1問1問には時間制限がないため，生徒はじっくり時間をかけて問題を解いていますが，これでいいのだろうかと思います。実際に英語を読んだり聞いたりするときには単語をもっと早く思い出す必要があるのではないでしょうか。実生活で使えるという意味での語彙サイズが分かるテストはありませんか。

ここで一工夫

　語彙サイズテストにはパソコン版があり，筆記版と同じく第1版・第2版・第3版があります。付属CD-ROMに収録されていますので，生徒のパソコンにインストールすれば，すぐにテストが始められます。結果もテスト終了直後に分かります。さらに，パソコン版では1語1語に5秒の時間制限があり，5秒たつと次の問題が現れます。そのため，語彙をどのくらい速く思い出せるかも測ることができます。

❈ 指導の準備・授業展開 ❈

| Prep | Step | 解説 |

付属 CD-ROM 中の「PC 版語彙サイズテスト」のアイコンを自分のコンピュータにコピーします。(CD-ROM のままテストを受けると、結果のファイルが CD-ROM 上に作成できずに結果が見られません)。クリックすると「セキュリティの警告」が出ることがありますが、支障ありませんので「実行」ボタンを押してください。すると以下の指示が書かれた画面が出てきます。

これはどれだけ多くの語彙を知っているかを測定するテストです．

問題は，日本語の意味を表す英単語を3つの中から選び単語の上または右側をクリックします．

問題は，5秒間のみ表示され，5秒たつと次の問題になります．早く次の問題に移りたいときは，「次」をクリックしてください．

分からないときは，「次」をクリックするか，時間切れにしてください．
間違えたときは，そのまま次の選択肢をクリックしてください．

1000語レベルから7000語レベルまで7つのレベルがあります．各レベル25問あります．

1つのレベルが終わると，それまでの推定語彙サイズが表示されます．

「次のレベルに進みますか」に「はい」をクリックすると次のレベルに進みます．「いいえ」をクリックするとそこでテストは終了します．

それでは「次画面」をクリックしてください．

次に，画面右下にある「次画面」ボタンをクリックします。図1が表示されるので，名前（漢字・ローマ字ともに可）を入力し，テストの版を選びます。複数の版を連続して行うときには，名前を変えてください。

まったく同じ名前だと，結果が自動的に上書きされます。「スタート」ボタンを押すと，1問目の時間制限が始まり，残り時間（1問ごとにカウントされます）が下に表示されます。例題はありません。

　テストでは回答を選び，5秒たつのを待つか，「次」ボタンを押します。選択肢は丸を直接クリックしなくても，選択肢の語のあたりをクリックすればその語を選択できます。テストの最初のころには，5秒の時間制限の間隔をつかみにくいため，「次」を押さない方がよいでしょう。ちょうど5秒経って次の問題に切り替わるときに「次」を押すと，1問先に進んでしまうことがあります。

［解答］town

図1　パソコン版語彙サイズテストのテスト画面

各レベルには25問あります。レベルが終わるたびに，受けたレベルまでの推定語彙サイズが出て，「次のレベルに進みますか」と聞かれます。続ける場合には「はい」を，そのレベルでやめる場合には「いいえ」を押します。途中でやめた場合には，受けたレベルまでの推定語彙サイズがテキストファイルに記入されます。

Step

　結果は，パソコン版テストと同じフォルダに作られたテキストファイルの中に記入されます。テスト終了後にテキストファイルを開くと，以下のように表示されます（図では途中を省略してあります。付属CD-ROMに生徒Xの全データ（「生徒X_結果全部入ファイル」）が入っています）。

```
生徒X.txt - メモ帳
ファイル(F) 編集(E) 書式(O) 表示
生徒X:version1:3960:99
1k01:1:1
1k02:1:2
1k03:1:3
1k04:1:1
1k05:1:3
　（途中略）
7k20:0:1
7k21:0:2
7k22:0:3
7k23:0:3
7k24:1:1
7k25:1:3
```

図2　パソコン版語彙サイズテストの結果出力（一部）

　1行目の「生徒X:version1：3960：99」は，生徒Xが第1版を受け，99問正解し，推定語彙サイズは3960語だったことを意味します。3行目の「1k02：1：2」は，1000語レベルの第2問に選択肢2を選択し，正解したことを表します。1つ目のコロンの後の数字が1のときには正解，0のときには不正解を意味します。「1k14：　」などのように，採点結果や選んだ選択肢が表示されない場合には，答を選択する前に

2．習熟度の評価

「次」を押したなど何らかの理由で回答前に次の問題に進んでしまったことを意味します。

1つのレベルに25問あるため，語彙サイズは以下の式で計算されます。1問あたり40語に相当します。

$$指定語彙サイズ＝正答数÷25×1000$$

※ バリエーション ※

各レベルでの推定語彙サイズは自動的には出力されませんが，Excelで計算することができます。少々複雑ですので，「PC版語彙サイズテスト関連Excel」ファイルに細かくまとめました。「パソコン版バリエーション_手順1」から「手順8と9」までのタブをご参照ください。その手順を行うと，図3のように表示されます。「筆記版・パソコン版feedback_sheet」タブの指定箇所に，各レベルでの推定語彙サイズを入力すれば，生徒向けのフィードバックシート（グラフ付き）になります（手順は「応用_手順10と11」「応用_手順12と13と14」タブ参照）。

推定語彙サイズの解釈方法は筆記版と同じです。また，パソコン版は筆記版と同様に，推定語彙サイズが高く出る傾向があります。巻末に推定語彙サイズテストの解釈についてのコラムがあります（⇨ Tip 7）。

生徒X:version1 :3960:99			レベル	レベルごとの正答数	レベルごとの推定語彙サイズ
1k01	1	1	1	22	880
1k02	1	2	2	17	680
1k03	1	3	3	14	560
1k04	1	4	4	13	520
1k05	1	3	5	9	360
1k06	1	1	6	13	520
1k07	1	1	7	11	440
1k08	1	2	全体	99	3960
1k09	1	2			

図3　レベルごとの推定語彙サイズの結果出力

| Prep | Step | **解説** |

パソコン版語彙サイズテストのバグ等による不具合等の問題については責任を負いかねます。自己責任においてご利用ください。

筆記版とパソコン版には表1のような違いがあります。テストを行う状況や目的に合わせて，使い分けてください。なお，設計上の理由により，筆記版は問題数が26問，パソコン版は25問となっています。

表1　筆記版とパソコン版の相違点

	筆記版	パソコン版
測ることを意図した能力	語彙サイズ	語彙サイズとアクセスに要する時間
問題数	26問	25問
時間制限	なし	あり（1問につき5秒）
形式	2定義6選択肢	1定義3選択肢
日本語	説明が長く，古いものあり	説明を簡略化。筆記版の問の一部を新しい問に差し替え
テストの質の検証	検証されている	検証中

筆記版とパソコン版は共通して，提示された意味に合う，文字で提示された英単語を選択する形式をとっています。同じ形式は全英連語彙テスト（全英連，2009）のリーディング版でも使われています。さらに，提示された意味に合う，音声で提示された英単語を選択する形式のテスト（全英連語彙テストのリスニング版など）や，提示された意味に合う英単語を書く形式のテスト（Laufer & Nation, 1999）もあります（図4参照；Cobb, n.d. 内の「Levels Test: Productive」より引用）。用途に応じて複数の形式を使い，生徒の語彙サイズを測ってみるとよいでしょう。

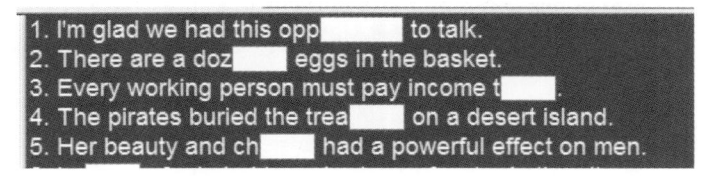

```
1. I'm glad we had this opp_____ to talk.
2. There are a doz_____ eggs in the basket.
3. Every working person must pay income t_____.
4. The pirates buried the trea_____ on a desert island.
5. Her beauty and ch_____ had a powerful effect on men.
```

図4　Laufer & Nation（1999）の語彙サイズテスト

Ⅳ-2. 習熟度の評価
【実践例38】

語彙サイズの自己テスト

対象……………　小学校　中学校　高　校　大　学
目的……………どのくらい語彙を覚えたかを生徒に実感させる
キーワード……語彙サイズ　深さ　チェックリスト
準備時間………5分
実施時間………20分
準備するもの…語彙リスト

※ 教師の悩み ※

生徒の語彙サイズがどのくらいあるのかを確認したいのですが，語彙サイズテストを授業中に行う時間がありません。宿題として出せるようなテストはないでしょうか。

※ ここで一工夫 ※

覚えるべき語のリストを生徒に渡し，1語1語の意味が分かるかを生徒が自分で確認するチェックリスト形式でテストをやってみましょう。このやり方ならば生徒の負担がより少なく，宿題に出すことができます。さらに，リストにある語をすべてカバーすることができ，総復習するときに役立ちます。全部の語を確認することで，どの程度自分の語彙が広がっているかを生徒が実感することができます。定期的に実施するとよいでしょう。

※ 指導の準備・授業展開 ※

Prep 1

　生徒に意味と綴りを覚えてほしいと思う語のリストを選定します。付録の Tip 3 で紹介されている JACET8000は1例です。例えば，中学生ならば最も頻度が高い1000語（補完する語250語（Plus 250）を加えると1250語）を，高校生ならば，1000語から4000語レベルの間で特に頭に入れてほしいレベルを選ぶことができます。

　ここでは，JACET8000以外のリストとして，中学校の教科書で使われている語のリストを使います。開隆堂（2009）のホームページには，平成18〜23年度用の6社の中学校英語教科書（*Sunshine, New Horizon, New Crown, Total English, One World, Columbus 21*）で使われた語の一覧が Excel ファイルで提供され，ダウンロードできます。より多くの種類の教科書で共通に使われた語は重要だと言えるため，共通に使用された種類の数の順に語を並べ，順にテストしてみましょう（種類順に語を並べるには，Excelの「データ」→「並べ替え」機能を使うことができます）。

　リストを選んだら，生徒の学習段階を頭に置きながら，そのリストの中でどこまでの語をテストするかを決めます。例えば，中学校教科書の共通語であれば，3種類以上の教科書で使った共通語875語を全部テストしてみることができます。もちろんリストを見て，これは必要ないと思う語を除いてもかまいません。Mary, Mike などの固有名詞や oh, uh-huh などの間投詞は除いてよいでしょう。

Prep 2

　何語のリストを提示するかを決めたら，次の例のように，語の意味が分かるかどうかを生徒自身が判断する，チェックリスト形式のテストを作ります。例ではアルファベット順に単語を提示していますが，飽きがこないように，時にはランダムに語を並べるなど順番を変えることもできます（ランダムに語を並べる方法は，望月・相澤・投野，2003参照）。

意味が分かる単語に○を付けましょう。意味が分からない単語には×を付け，後で意味を確認しましょう。

No.	単語	重要語875語		
		1回目 例：2月26日	2回目 　月　日	3回目 　月　日
1	a	○		
2	about	○		
3	across	×		
	（途中略）			
873	weekend	×		
874	wind	×		
875	writer	○		
	○の数	700/875	/875	/875

| Prep 1 | Prep 2 | **Step** | 解説 |

　学年の初めか学期の初めに，この自己テストを生徒に渡します。生徒には，このテストで挙げられた語の意味をすべて覚えることが目標であると伝えます。○×を付け，○の数を数えてくることを宿題とします。その後，宿題または授業で，×が付いた語の意味を調べさせ，ノートなどに綴りと意味をまとめさせます。テストで×だった語のまとめは提出させます。きちんとまとめているかを見るだけでなく，生徒に共通して覚えにくい語を確認し，授業で扱うようにしましょう。

　1ヶ月後から半年後に同じテストを行います。全部最初から○×を付ける形もできますが，前回×が付いた語のみに○×を付ける形もとれます。このような活動を定期的に行います。生徒に負担になりすぎないようなら，○×を付けるだけでなく，意味を実際に書かせることもできます。また，毎回○の数を生徒に記録させ，語彙サイズが広がっているかを実感させることも大切です。その記録を回収し，教師も語彙サイズの伸びを確認します。伸び悩んでいる生徒がいたら個別に指導しましょう。

※ バリエーション ※

　語の意味だけでなく，他の側面（語彙知識の深さなど）を自己評価することもできます。単語のさまざまな側面について尋ねる以下の形式を使います。このテストでは，語のさまざまな側面の中の「意味・発音・綴り・品詞・関連語（例：同義語・反意語・上位語・下位語）・コロケーション」についての知識があるかを見ようとしています。この形式はすべての語に対して行うのではなく，多様な語の側面を覚えてほしい語を選びテストします。テスト後に時間があれば，×が付いた側面についてまとめさせます。

分かると思うところには○を，分からないと思うところには×を書きましょう。×が付いたところは後で確認しましょう。（回答例）

No.	単語	意味が分かる	発音できる	綴りが書ける	品詞が分かる	関連語が分かる	文を作れる
1	afternoon	○	○	○	○	○	○
2	always	○	○	○	○	×	×
3	bring						
4	cloudy						
5	difficult						

Prep 1　　Prep 2　　Step　　**解説**

　この実践例で紹介したテスト形式については，意味が分かるかをチェックする形式は Meara and Buxton（1987）に，意味が分かるか，文を作れるかのチェックリストは Wesche and Paribakht（1996）の Vocabulary Knowledge Scale に基づいています。生徒が受けやすく，採点しやすい形にしました。

　このテスト形式の弱点は，自己評価であるため，意味が実際に分かっていなくても○を付けてしまう生徒が出てくることです。その一方で，多くの語を扱うことができ，生徒に包括的に復習させることができるという大きな利点があります。

付録

1. 語彙指導を深く知る8つの Tips
2. 語彙指導に役立つ文献案内

Tip 1　フォニックスを語彙指導に活かす

■フォニックスとは？
　フォニックスを学校等で学んだ経験がない方も多いのではないでしょうか。そのような方でも，意味がわからない単語に出会ったときに「経験的に読めてしまうこと」はあると思います。例えば，もし disseminate という語の意味（「ばらまく」）はわからなくても「ディセミネイト」のような発音になるのではないかと予想できるでしょう。あるいは「ディセミネイト」という音を聞けば，正解かそれに近い綴りが書けるでしょう。フォニックスとは経験が浅い学習者でも同様に「アルファベットの綴りを見て正しく発音できるようにすること」，また，逆に「音声を聞いて綴りがある程度予測できるようにすること」を目的とした指導法です。ですから英語指導の入門期から初級・中級段階に行うことが効果的でしょう。

■文字の違い
　日本人の英語学習者が英語の単語を見て正しく発音できない原因の１つは，英語のアルファベットと日本語の仮名文字の相違点にあります（フォニックスは文字と音の関係の指導なので音と意味を同時に表せる「漢字」は比較から除外します）。アルファベットが１文字（あるいは２文字）で１つの音素を表すのに対し，仮名文字は１文字で１モーラ（拍）を表します。英語の men ならそれぞれの文字が /m/, /e/, /n/ の３つの音素を構成しています。一方，メンはメとンの２モーラで構成されています。つまり仮名文字「メ」が音素/m/, /e/ を同時に持っている音節文字であり，余分な母音挿入の原因だということを理解させる必要があります。

■ここから始めてみては？
　アルファベットには基本的に１つの文字に２つの音が存在することを生徒に理解させます。すなわち，名前としての音（名前読み，「エィ／ビー／スィー」等）と読み方としての音（音読み，「ア／ブッ／クッ」等）です（表１参照）。漢字に音読みと訓読みがあること，一部のひらがな（「は」や「へ」）に２つの音があることを引き合いに出せば，生徒は理解しやすいかもしれません。単語を発音

する際には，基本的に子音字は音読みを，母音字は名前読みと音読みの両方を使います。

■ここに効く！
(1) 中学校では1年生で

中学校の場合，平成24年度から授業時数が週3回から週4回になり，3年間でおよそ100単位時間増えることになります。指導すべき語彙が900語から1200語に増えることから語彙指導が注目されますが，語彙習得の際に大切な要素である音声と綴りの関係が定着するような活動が求められています。フォニックスの指導はまさに効果的です。

(2) 英語が苦手な児童・生徒の指導に

また，英語が苦手な児童・生徒の指導に苦慮している先生も多いと思います。1年生の最初は大きな声で繰り返していた生徒が発音してくれなくなった，という悩みもよく聞きます。その一因が「発音がわからなくなった」であるなら，解決策としてフォニックスは役立つはずです。

表1　アルファベットの名前読みと音読みの対照表

文字	名前読み	音読み	文字	名前読み	音読み
A	エィ /éɪ/	ア /æ/	N	エン /én/	ン /n/
B	ビー /bíː/	ブッ /b/	O	オゥ /óu/	オ /ɔ/
C	スィー /síː/	クッ /k/，ス /s/	P	ピー /píː/	プッ /p/
D	ディー /díː/	ドゥ /d/	Q	キュー /kjúː/	クッ /k/
E	イー /íː/	エ /e/	R	アー /áːr/	ル /r/
F	エフ /éf/	フ /f/	S	エス /és/	ス /s/
G	ジー /dʒíː/	グッ /g/，ジ /dʒ/	T	ティー /tíː/	トゥ /t/
H	エィチ /éɪtʃ/	ハッ /h/	U	ユー /júː/	ア /ʌ/
I	アィ /áɪ/	イ /ɪ/	V	ヴィー /víː/	ヴ /v/
J	ジェィ /dʒéɪ/	ジ /dʒ/	W	ダブリュー /dʌ́bəljuː/	ウ /w/
K	ケィ /kéɪ/	クッ /k/	X	エクス /éks/	クス /ks/
L	エル /él/	ル /l/	Y	ワィ /wáɪ/	イ /j/
M	エム /ém/	ム /m/	Z	ズィー /zíː/	ズ /z/

Tip 2　発音記号は指導すべきか？

　英語の授業をしていると，生徒から「発音記号は習ったことがないので，読めません」と言われたり，「発音記号って読めるようになった方がいいですか」などと聞かれたりすることがあります。最近は電子辞書でほとんどの単語の発音を聞くことができますから，発音記号の指導はあまり行われていないのが現状です。

　実際に発音記号は，英語学習に非常に役立ちます。発音記号が読めることによる最大のメリットは，目で発音を確認できることです。大半の生徒たちの耳は電子辞書の発音を正確に聞き取ることができるほど英語を聞くことに慣れていません。ですから，生徒が電子辞書で half の発音を聞いて，l を発音しないことや a の部分が，アメリカ英語では /æ/，イギリス英語では /ɑː/ の発音であることが分からないまま曖昧な発音をしているのであれば，/hæf/ または /hɑːf/ という発音記号が読める方が正しい発音により近づくことができます。

　また自律した学習者になるために，自分ひとりで単語の正しい発音を調べ，発音できるようになるということは重要です。フォニックスのルールに当てはまらない例外的な語も，黙字を含む語も発音記号が読めれば発音ができるのですから，発音記号は自律した学習者を育てる手立てでもあるのです。

　しかし，発音記号を指導するといっても，中学・高校では個々の発音記号を正確に発音させることを目指す必要はありません。/tʃ/ や /æ/ などの英語のアルファベットにはないものに焦点をあて（表1），記号と音を結びつけさせることが必要です。その中でも，複数の記号が1つの音を表す /tʃ/ や /dʒ/，予想と異なる発音の /j/ などは個人学習の際のつまづきの原因となりやすい記号なので，特別な注意が必要です。生徒にとって親しみやすい単語を使って，どのような単語の中で使われている音であるかを具体的に示して確認しましょう。

　また，無声音と有声音をペアにできる発音記号は，口形や舌の位置が同じまま発音できるので，まとめて指導してもよいでしょう。/p/ と /b/，/k/ と /g/

表1　注意したい発音記号

発音記号	単語例	発音記号	単語例
/tʃ/	chop /tʃɑp/	/æ/	cat /kæt/
/dʒ/	jump /dʒʌmp/	/ɑ/ /ɔ/	hot 米 /hɑt/ 英 /hɔt/
/ʃ/	shop /ʃɑp/	/ʌ/	cut /kʌt/
/ʒ/	leisure /liːʒər/	/ə/	again 米 /əgen/ /əgein/
/θ/	think /θink/	/iər/	ear /iər/
/ð/	that /ðæt/	/ɛər/	hair /heər/
/ŋ/	sing /siŋ/	/uər/	tour /tuər/
/j/	yes /jes/		

　また /t/ と /d/ などが代表的な例です。表1の有声音と無声音のペア（太枠内）も参考にしてください。

　その他の特に注意を必要としない発音記号は，発音記号自体の指導に時間を費やさず，「ついでに身につけさせる」ことを目指すとよいでしょう。最も簡単で効果が期待できるのは，発音記号で書かれた単語で発音練習する方法です。通常のフラッシュカードとは別に，新出語を発音記号で表記したものを作る手間はかかりますが，「英語→発音記号またはカタカナ変換フォーム（www.freeenglish.jp/pronunciation.html）」などのサイトを利用して，印刷したものをカードに貼り付けると手軽に作成できます。

　授業では，新出語の発音と意味の確認が終わった段階で発音記号で書かれた単語のカードを次々と読ませます。こうすることで，単語の発音と発音記号とが結びつき，次第に発音記号だけを見ても発音ができるようになります。最終的には，個人で学習している際にも，辞書を引いて発音記号を見れば任意の単語の発音が分かるようになります。また，このような指導を現在行っているのであれば，辞書で単語の意味を調べる際に，発音記号もメモしておくよう生徒に伝えるとさらに効果的です。

Tip 3　学習語彙表 JACET 8000

　国内で開発された学習語彙表にはいくつかありますが，なかでも大学英語教育学会（JACET）の基本語改訂委員会が開発した「JACET List of 8000 Basic Words」（通称 JACET8000）がよく知られています。この語彙表は，「BNC (British National Corpus，1億語）を基準スケールとし，それに日本の英語教育の現状を反映した言語資料およびアメリカ英語を比較的多く含めた言語資料に基づいて委員会が独自に作成したサブコーパスをからめて，生み出されたものである」(p.1) と記されています。この語彙表には，以下の3つのリストが収録されています。

(1) 1000語刻みのレベルと品詞を示したリスト
(2) JACET8000のLevel 1を補完する250語のリスト（plus250）
(3) JACET8000及びPlus250の頻度順位のリスト

　図1は，中学校及び高校の計96冊の検定教科書を基にした103万語のコーパスで，JACET8000の語彙がどの程度カバーできるかを示しています（杉森・相澤，2007）。横軸のOthersは，短縮形，固有名詞，略号などを表しています。例えば，Level 1 (1250語) で81.78%を，Level 3まででは89.22%をカバーしていることが読み取れます。

　この語彙表とデータを収録したCD-ROMは，JACET事務局に申し込めば，購入することができます。また，JACET英語語彙研究会のHPで4000語までのリストが公開されています。

　公開されている4000語のリストには，品詞情報，JACET順位が納められています。デフォルトでは，図2に示したレイアウトになっています。エクセルのフィルタ機能を使えば，ある一定のJACET順位までの単語をアルファベット順にしたり，単語を品詞ごとに並べたりすることも可能です。

　JACET8000に選定された語彙には，頻度や品詞の情報しか与えられていません。学習のためには，発音，語義，語法などに関する情報が必要になります。

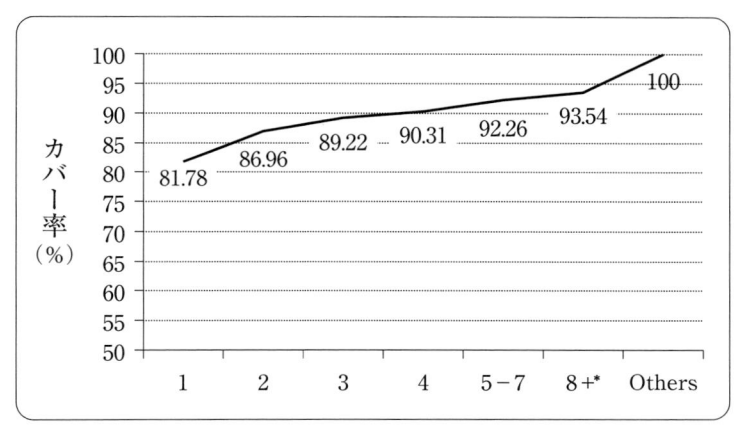

図1　JACET8000による検定教科書語彙のカバー率
（*8＋はレベル8とそれ以上を指す）

	A	B	C	D	E	F	G	H	I
1	単語	品詞	順位		公開:2007/5/30				
2	the	det	1		JACET8000のうち，上位4000語，およびplus250語を公開				
3	and	conj	2						
4	to	adv/inf/prep	3						
5	of	prep	4						
6	a	det	5						
7	in	adv/prep	6						
8	I	pron	7						
9	that	adv/conj/det	8						
10	it	pron	9						
11	you	pron	10						
12	for	adv/conj/prep	11						
13	he	pron	12						

図2　JACET8000のエクセルファイル

相澤・石川・村田（編著）（2005）には，JACET8000とPlus250のリストのすべての語に発音，語義，語法その他の最小限の必要な情報が示されています。また村田・望月・相澤（編著）（2006）では，特に大学生向けとして，JACET8000の順位2001番から5000番までを練習問題形式にして提供しています。

Tip 4　語彙リストの作成

■ Range

　教科書の学習に一区切りがついたときに，学習した単語のリストを作成してみましょう。教科書の巻末には，新出単語のリストとページの情報がありますが，これを入力してリストにするのは時間がかかります。そこで，Range (Nation, 2005) というフリーソフトを使って，既習語彙の頻度別リストを作成してみましょう。

(1) Paul Nation (ビクトリア大学) のHPから，Rangeというソフトをダウンロードします。

　　http://www.victoria.ac.nz/lals/staff/paul-nation.aspx

(2) 教科書の教授資料に英文のファイルが準備されていると仮定します。リストを作成したい複数のレッスンの英文を1つのテキストファイルにまとめます。ファイルには，新出語のリストや見出しの記号などが含まれていますので，あらかじめ削除しておきます。

(3) Rangeのフォルダにある「INSTRUCTION」というファイルの指示に従ってソフトを操作します。出力はテキストファイルになりますので，Word, Excel, 一太郎などで編集します。

■ Range でできること

　このソフトには，以下の機能があります。ある教科書のLesson 1とLesson 2の本文テキストを分析した結果に基づいて説明します（図1を参照）。

(1) 総語数，異なり語数，ワードファミリーの語数を，BNCに基づくワードファミリーの14000語までを1000語刻みの頻度レベル別に示します。またWord List 15は固有名詞を，Word List 16はリストに含まれない口語表現の語彙数を示します。この場合，総語数 (token) が1647語，異なり語数 (type) が625語，全リストにあるワードファミリー(families) での異なり語数が489語，固有名詞が8語だったことを示しています。

```
Lesson1+2_range - メモ帳
ファイル(F) 編集(E) 書式(O) 表示(V) ヘルプ(H)
WORD LIST         TOKENS/%         TYPES/%         FAMILIES
one               1302/79.05       396/63.36       310
two                111/ 6.74        86/13.76        74
three               59/ 3.58        32/ 5.12        29
four                42/ 2.55        33/ 5.28        27
five                17/ 1.03        14/ 2.24        13
six                 17/ 1.03        10/ 1.60         9
seven               12/ 0.73         9/ 1.44         8
eight                5/ 0.30         3/ 0.48         3
nine                 4/ 0.24         2/ 0.32         1
ten                  8/ 0.49         2/ 0.32         2
11                   2/ 0.12         2/ 0.32         2
12                   1/ 0.06         1/ 0.16         1
13                   5/ 0.30         2/ 0.32         1
14                   3/ 0.18         1/ 0.16         1
15                  14/ 0.85         8/ 1.28         8
16                   0/ 0.00         0/ 0.00         0
not in the lists    45/ 2.73        24/ 3.84       ?????
Total             1647             625             489
```

図1　Range32の結果の出力画面

(2) 異なり語，ワードファミリー別に，テキストファイルで使われている単語のリストを作成します。図2は，異なり語として使われた3000語レベルのリストの抜粋です。横軸は，RANGE（その語が使われたファイルの数），FREQ（頻度数），F1（32種類まで各ファイルでの頻度数）を表示します。大文字のリストで表示されますから，ワープロソフトで小文字に変換をすれば，リストが完了します。

```
Types Found In Base List Three
TYPE              RANGE   FREQ   F1
AFFECTIONATE        1       1     1
CANADA              1       2     2
CHEEKS              1       2     2
CLIMATE             1       2     2
CORE                1       1     1
EASTERN             1       1     1
ECHO                1       1     1
EXAGGERATION        1       1     1
EXPLODED            1       1     1
```

図2　Rangeによる語彙リストの出力画面（3000語レベル）

このリストは，特定の接辞を含んだ単語を検索して実例を提供したり（⇨実践例16），単語の復習テストを作成したり（⇨実践例32〜35）するための資料として活用できますので，一度作っておくと便利です。

Tip 5　語彙の難易度を比較する方法

　手元の英文教材の語彙の難易度を知りたい，あるいは2つ以上のテキスト（例：教科書と大学入試センター試験問題など）の語彙の難易度を比較したい，といった場面で使える便利なオンラインツールを紹介します。
　一般に「難しい単語」とは「低頻度語」のことで，これを知るには，語彙頻度リストを参照することが必要です。なかでも，日本学習者に最も有用なものとして学習語彙表JACET 8000が知られています。同リストを使い，無償で語彙分析ができるオンラインツールがあります。それが次の3つです。

■ JACET 8000 Level Marker
　(http://www.tcp-ip.or.jp/~shim/J8LevelMarker/j8lm.cgi)
　英文テキストをボックスに貼り付けると，以下のように，各単語にJACET 8000のレベル（1～8）タグを付けてくれます。これによって，どの単語が学習者に難しいかを予測することが可能です。

Have_1 you_1 ever_1 heard_1 of_1 "universal_3 design_1 (UD_0)"? It_1 refers_2 to_1 the_1 philosophy_2 of_1 creating_1 city_1 facilities_3, living_4 environments_1 and_1 design_1 which_1 can_1 be_1 used_4 easily_1 by_1 anyone_1 -- regardless_3 of_1 their_1 age_1, body_1 type_1 or_1 physical_2 condition_1.

　(*Genius II*, Lesson 5 Part 1の冒頭部分にレベルを付加したもの；「O」はOthersのことで，リストにない語を示す）

　universalやregardlessがレベル3となっており，本テキストでは比較的難しい語であることが分かります。なお，基本語の分詞形であるlivingやusedがレベル4と高くなっていますが，これはlivingが「現存する」，usedが「中古の」という特別な意味を持つ形容詞用法があるためです。よって，実際にそれにあてはまるかどうかは，目視が必要です。

■ v8an (revised web edition)

(http://www.tcp-ip.or.jp/~shim/j8web/j8web.cgi)

　Level Marker は１つ１つの単語にレベルを付加しますが，こちらは，テキストを貼り付けると，テキスト全体で，どのレベルの語がどのくらい使われているかを一覧表にしてくれます。また，使われている単語とその頻度のリストも同時に作成されます。例えば，先ほどのテキストの Lesson 5 Part 1 全体を分析すると，表の部分は以下のようになります（項目を簡略化しています）。

	Lv 1	Lv 2	Lv 3	Lv 4	Lv 5	Lv 6	Lv 7	Lv 8	O 8	con	non	pro	T
tk	154	10	9	6	0	0	0	0	3	1	1	3	187
%	82.4	5.4	4.8	3.2	0	0	0	0	1.6	0.5	0.5	1.6	100

注．Lv=level; O 8 =over 8 ; con=contracted forms（縮約形）; non=non-words; pro= proper nouns; T=total; tk = tokens（総語数）．

　これによって，レベル１の語が82.4％あり，level 5 ～ 8 の語は使われていないことが分かります。一般に，通常の文章ですと，レベル１の使用率は80～90％程度です。このレベル１だけを見て，その比率が高ければ高いほど，語彙がやさしいテキストだと判断することができます。たとえば，レベル１の単語比率が75％のテキストは，87％のテキストよりも語彙がより難しいテキストであると判断できます。

■ Word Level Checker

(http://someya-net.com/wlc/backup-index.html)

　このサイトでは，JACET 8000を含む３つの語彙頻度リストから，任意に選んで語彙分析をすることができます。v 8 an と同様，入力ボックスにテキストを貼り付けると，レベルごとの占有率を示してくれます。レベルごとの比率を示すグラフ表示機能もあり，必要に応じて，語彙リストも作成できます。

Tip 6　紙の辞書と電子辞書の使い分け

　現在，ほとんどの学習者が電子辞書を使い，紙の辞書は使っていない場合も多くなっています。しかし，紙辞書にも独自の利便性があり，学習者がそれに気付いていない場合もあります。そこで，紙辞書と電子辞書の使い分け指導について考えてみます（cf. 磐崎, 2002；関山, 2007）。

　そのために，まず，電子辞書の利便性についてまとめておきましょう。それは「コンテンツの多さ」「携帯性」「強力な検索」の3点です。電子辞書は，学習モデルならば英和・和英・英英・国語辞典全てが入り，その他，会話本・学習本などを含めると100コンテンツに達するものもあります。これが200～300g程度の手帳サイズに収まっています。検索については，強力な複数辞書検索，例文・成句検索が使えます（⇨実践例25）。

　こうしたことから，電子辞書を積極的に使わせた方がいい場合は，以下のような状況です。まず第1に，意味がわからない単語・表現に遭遇した際，それが見出し語や成句として載っているかどうかを，確実に知りたい場合です。たとえば，He really took a shine to you. という文に遭遇したとします。a shineは不定冠詞がついているから名詞のようですが，「光ること」では意味を成しません。だとすると成句のようですが，これが辞書に載っているかを，複数の辞書で確認するには，電子辞書で成句検索をするのが確実です。take&shineのように＆を使って，複数辞書を対象とする例文・成句検索をすると，成句としていくつかの辞書でヒットします。探し損ねることはありません。たとえば『ジーニアス英和辞典』では以下のように記されています。

> **take a shine to O**　《略式》（人）を（ひと目で）好きになる（◇［類］take a liking［fancy］to).

　これで，先ほどの文は「彼は本当に一目であなたが気に入ったみたいね」だとわかります。

　2点目は，電子辞書ならば英英辞典やその他の辞典との連携が容易だという

点です。紙辞書では英和，和英，英英辞典全てを教室に持参させるのは現実的ではありません。しかし，電子辞書であれば，英和と和英辞典を連携させて作文に生かしたり，英英辞典をパラフレーズ活動に使うことも容易になります。たとえば，上記の「一目で好きになる」というのは，英語で平易に言い換えるとどう言えばいいのか，というような場合には，英英辞典で take a shine to を引かせます。

> to begin to like sb very much as soon as you see or meet them
> (Oxford Advanced Learner's Dictionary; sb は somebody の略)

ここから，先ほどの例は，He began to like you very much as soon as he saw you. のように言い換えられることが分かります。英英辞典を使用したパラフレーズによって，表現力育成に役立つわけです（磐崎，1995）。

逆に，紙の辞書には，視認性がよいために広く情報を見渡せること，そして書き込みができる利点があります。用例ボタンを押さないと例文が見られない電子辞書と違って，紙辞書ならば例文も参照しながら，語義を広く見渡せます。そして，記載内容にマーカーや下線を引くことで，語彙の意図的学習が促進されます。文字情報という，主として左脳で知的に処理されるものに加えて，右脳が得意なイメージ処理を加えることで，語彙の定着が促進されるわけです。また，辞書に「メモ」することもできます。例えば，英語を読んでいて，試験終了時に監督員が "Pencils down!" と叫んでいる場面に遭遇します。「鉛筆置いて！」の意味だと分かりますが，意外にも辞書にはそんな用例は載っていません。そんな時には早速 pencil の項目余白に「Pencils down! 鉛筆置いて！」とメモをするよう指導してみましょう。「マイ辞書」化が学習動機を高めます。

このように，2者択一ではなく，電子辞書と紙辞書の両方を使わせ，適宜使い分けを指導することで，より語彙理解を深めることができるはずです。

Tip 7　推定語彙サイズの解釈で注意すべき点とは？

　語彙サイズテストを2回受けて，160語増えたと喜ぶ生徒もいますが，本当に語彙サイズが伸びたと言えるのでしょうか。推定語彙サイズがどの程度違っていたら，伸びたと言えるかは，いろいろな考え方があり，厳密には答えるのが難しい問いですが，ここでは「測定の標準誤差」を使って考えてみましょう。その観点からは，「測定の標準誤差」の範囲を越えていたら，伸びたとかなり自信を持って言えることになります（式1参照）。

$$測定の標準誤差＝標準偏差 \times \sqrt{1-信頼性} \quad \cdots\cdots 式1$$

　「測定の標準誤差」は誤差による点数のばらつきの程度を意味し，上の式は68%の確率でのばらつきを出す式になります。「標準偏差」とは，テストを受けた生徒の推定語彙サイズのばらつき具合を示す指標です。値が大きいほど，推定語彙サイズの点が大きい人も小さい人もいて，ばらつきが大きいことを意味します。「信頼性」とは，テストの中で，同じ知識・能力をどのくらい安定して測っているかを表します。例えば，語彙サイズテストの信頼性については，テストの1問1問が語彙サイズを一貫して測っていることが必要で，1000語レベルごとに出した推定語彙サイズで生徒を順位づけしたときに，その順位がレベル間であまり変わらない方がよいテストになります。（標準偏差と信頼性の出し方はBachman, 2004；Bachman & Kunnan, 2005；Brown, 2005；前田・山森，2004を参照）。「標準偏差」と「信頼性」を式1に代入し計算すると，「測定の標準誤差」が出ます。

　「測定の標準誤差」だと68%の確率での点数のばらつきを表しますが，68%だと確率が低いため，通常使われるのは，式1に1.96をかけた「95%の確率での誤差による点数のばらつき」を示す（式2）です。ここでは便宜上「95%誤差」と呼びます。

　式2は，同じ生徒での伸びを見るだけでなく，異なる生徒を比較するときに

$$95\%誤差＝1.96 \times \left(標準偏差 \times \sqrt{1-信頼性}\right) \quad \cdots\cdots 式2$$

も使えます。本書付属CD-ROMの「PC版語彙サイズテスト関連Excel」ファイルの「コラム＿測定の標準誤差」タブを使っても計算できます。

例えば6000語レベルまで実施し，標準偏差が500語，信頼性が0.95だった場合の「95％誤差」を計算すると，219語になります（$1.96 = (3000 \times \sqrt{1-0.90})$を計算した値）。そのため，同じ生徒の点が（95％の確率で）伸びたというためには，推定語彙サイズが219語より上がっている必要があります。逆に言うと，見かけの推定語彙サイズが違っていても，差が±219語の範囲であれば，テストの誤差の関係で変わったように見えるだけで，語彙サイズにはあまり変化がないと考えられます。そのため，上述の「語彙サイズテストを2回受けて，160語増えたと喜ぶ生徒」には，これは誤差の範囲で，残念ながら伸びているとは言えないことを伝えた方がよさそうです。

テストにはこのぐらいの誤差がつきものですので，少しの点の違いで「点数が上がった・下がった」と一喜一憂しないようにしたいものです。なお，219語という値は，テストの状況（その標準偏差と信頼性）で変わります。表1には，高校生を対象にした研究での標準偏差を用い，「95％誤差」がどの程度になるかを挙げています（信頼性は記載がなかったため推定）。これを見ると，(1) 語彙サイズテストのレベルを多く行うと標準偏差は大きくなること，(2) 標準偏差が大きく，信頼性が小さいほど，「95％誤差」が大きくなることがわかります。自分で実施するときにどのくらいの値になるかの目安にしてください。

表1　語彙サイズテストの「95％誤差」の例

	標準偏差（語）	信頼性	95％誤差（語）
Kasahara（2005）：高2の154名：推定語彙サイズの平均2229語（4000語レベルまで実施）	330	.90	205
	330	.80	289
八島（2002）：高1の146名：推定語彙サイズの平均3082語（6000語レベルまで実施）	551	.90	342
	551	.80	483

Tip 8　日本語を手がかりに英語を学ぶ？

　未知語の意味を推測する際，文脈の手がかりと日本語からの手がかりの両方が使える場合に，最も推測が成功するという報告があります。日本語からの手がかりというのは，日本語で使われている英語起源のカタカナ語のことで，カタカナ英語と呼ぶ場合（伊藤，1991；奥津，2002）もあります。
　Daulton（2008）は，日本語で使われている英語起源のカタカナ語のうち，NationがBritish National Corpus（BNC）を元に作成した3000語ワードファミリーの中にカタカナ語がどれくらいあるかを，大学生を対象に調査しました。1000語レベルで54.8%，3000語レベルでも31.6%がカタカナ語として使われています。さらに，Academic Word List（AWL）の語彙についての同様の調査で，570語のうち153語のカタカナ語を報告しています（表1）。実際のカタカナ語の例は表2の通りです。
　この報告だけを見ると，カタカナ語は語彙学習に非常に有効であると思われますが，注意が必要な点もあります。カタカナ語は，発音や意味が英語と一致

表1　BNCの3000語に含まれるカタカナ語数（Daulton，2008）

語彙頻度	総語数	ワードファミリー数
1000語レベル	803	548
2000語レベル	634	492
3000語レベル	371	316
合計	1808	1356
Academic Word List	177	153

表2　頻度別カタカナ語の例（Daulton，2008）

1000語レベル	ability（<able），about, access, act, action
2000語レベル	academic, accident, actress（<actor）
3000語レベル	accent, adventure, aggressive, airline
AWL	approach, area, benefit, concept, contract

＊（　）内がワードファミリーに含まれる語

するとは限らないのです。奥津（2002）は，カタカナ語と英語のずれについて，以下のように分類しています。

■音声が異なる場合
(a) アクセントの位置が異なる例：アイデア（idea），アドバイス（advice），イコール（equal），エレベーター（elevator），キャリア（career），テクニック（technique）
(b) 発音がかなり異なる例：エネルギー（energy），グローブ（glove），セーター（sweater），タオル（towel），バケツ（bucket），ラベル（label）

■意味が異なる場合
(a) 日本語の方が意味が広い例：juice（果汁100％のみ），レポート（公式の報告書）
(b) 英語の方が意味が広い例：quiz（小テスト），smart（スマートな／利口な）

■日本人が作った例
(a) 英語の一部を省略：アパート（apartment），イラスト（illustration），
(b) 半分は英語，半分は和製英語：オーダー・メイド（custom-made），オフィス・レディ（office worker）
(c) 元の英語と異なる意味：クーラー（air conditioner, cooler はワインなどを冷やす器）
(d) 日本人が合成した和製英語：ガソリン・スタンド（gas station），シンボルマーク（emblem）

英語と発音や意味が一致しない例もありますが，英語の語彙力を増強させるためには有効な手がかりです。カタカナ語のリストを勉強させて効果があったという報告もあります。まずは，教師自身がカタカナ語について勉強して，リストを作りながら，どのように導入したらよいかを考えてみましょう。

語彙指導に役立つ文献案内

●語彙指導のための参考書●

『新しい語彙指導のカタチ　学習者コーパスを活用して』
(太田洋・日臺滋之 著，明治図書，2006, 180p.)

　英語が使える中学生を育成するという目標のために，どのような語彙をどのように教えるかという観点から，学習者コーパスに基づいた語彙をさまざまな方法で指導していく活動例が紹介されています。基本的な考え方としては，「語彙習得の促進」→「使用頻度の高い語彙の繰り返しの使用」→「コミュニケーション活動の活性化」→「語彙習得の促進」というサイクルを形成しようというものです。著者2人が中学生のスピーチや作文を電子化した学習者コーパスから，中学生はどのような語彙をよく使うのかということがよくわかります。また語彙指導が文法項目の指導になる例も紹介されていて，基本的な活動例を求める人に役立つ1冊です。

『英語語彙の指導マニュアル』
(望月正道・相澤一美・投野由紀夫 著，大修館書店，2003, 244p.)

　英語の語彙をどのように教えたらよいかを，語彙知識，語彙習得，語彙指導，コーパス言語学，語彙テストなどの分野の国内外の文献に基づいて簡潔に解説しています。全体は6章構成で，「単語とは何か」（第1章），「単語を知っているとはどういうことか」（第2章），「単語はどうやって覚えていくのか」（第3章），「単語はどう教えたらよいのか」（第4章），「語彙指導にコーパスを利用する」（第5章），「語彙はどうテストするのか」（第6章）で，最後に語彙サイズテストが収録されています。

　これから教壇で指導する若手教員の指南書として，また語彙習得や語彙指導の研究を始めようとしている学生の入門書として役立ちます。

『英語語彙指導ハンドブック』

(門田修平・池村大一郎 編著，大修館書店，2006，327p.)

　本書は，語彙指導の実践と理論が詳細に紹介されています。後書きを除くと全体は12章構成で，前半7章までが語彙指導の実践，後半8章からが語彙指導の理論となっています。実践例は，中学校・高等学校の授業を想定し，語彙の導入，定着，増強，テスティングなどの活動と，それぞれの実践に関連する代表的な研究が紹介されています。後半は，最近の語彙習得の研究が中心となっており，語彙知識や語彙習得のモデル，文法力との関連などから，コンピュータによる語彙学習や研究の方法などが紹介されています。書名から語彙指導の実践のための入門書をイメージしますが，本格的な研究者にも役立つ内容となっています。

Teaching Vocabulary: Strategies and Techniques

(I. S. P. Nation 著，Heinle Cengage Learning, 2008, 222p.)

　語彙と4技能を伸ばす活動を紹介する実践書です。語彙習得理論とNation自身の語彙指導経験に基づいたさまざまな活動例が載せられています。それらは，1) 意味を理解するインプット中心の活動，2) 言語形式に焦点を当てた活動，3) 意味を表現するアウトプット中心の活動，4) 流暢さを伸ばすことに焦点を当てた活動，という4つの領域でバランスのとれた語彙指導が必要であるという考えに基づいています。理論面は，基本的な語彙研究の知識が要求されますが，活動例は初級から上級まで示唆に富むもので，語彙指導に興味のある人には必読の書です。語彙リストや語彙テストの付録が充実しています。

●教材研究のための参考書●

『日英比較・英単語発想事典』

(奥津文夫 編著, 三修社, 2002, 273p.)

　日英両語の比較という観点から，辞書や参考書にはあまり記載されていない英単語の意味・用法・文化的背景などの情報がコンパクトにまとめられています。高校生や英語教師が，すでに知っている英単語を日本語との比較で整理するのに役立ちます。書名は「事典」ですが，言葉の持つおもしろさを再発見するための読み物としても活用できます。

　全体は7章構成で，「基本語の正しい意味・用法と文化的背景」（第1章），「主な類語の使い分け」（第2章），「カタカナ英語の活用」（第3章），「音から覚える語」（第4章），「語と語の結びつき」（第5章），「注意すべき語法」（第6章），「語の基本的意味を知る」（第7章）となっています。巻末には付録として，「英米文化・語彙テスト」が収録されています。日英語比較の観点から，基本語についての知識の深さを極めるために，有益な1冊です。

●語彙指導のための資料集●

『コーパスからはじめる 単語使いこなし英会話』

(太田洋・日臺滋之・神白哲史 著, 旺文社, 2004, 414p.)

　本書は，中学校レベルで学習される基本語を「知っている」状態から，「使いこなす」レベルに高めるために，平易な例文や表現が豊富に掲載されています。取り上げられている語彙は，中学校検定教科書，実用英語検定試験の3級から5級，全国の国公私立高校の入試問題，初級者用英英辞典の基本語からコーパスを構築しています。全体は，テーマ別の基本単語と表現を集めた26の「グループ暗記」と，6つのレベル別英単語の二部構成です。それぞれの単語で，「基本チェック」，「使い方のチェック」，「関連表現」などの解説があります。圧巻なのは，それぞれの単語で，スピーキングに役立つ口語表現の例文が豊富に掲載されていることです。本書に挙げられた基本語と例文を完全にマスターすれば，基本的な英会話には十分でしょう。

付属CD-ROM について

1. CD-ROM 起動の方法
2. CD-ROM の収録内容
3. ワークシートの内容
4. ワークシートの使用方法
5. ワークシート収録の単語

1．CD-ROM 起動の方法

　CD-ROM を挿入後，「(マイ) コンピュータ」を開き，CD-ROM をクリックして選択してください。収録内容はそれぞれ独立したフォルダに入っています。メニュー画面のボタンをクリックするとそれぞれのフォルダが開きます。

＊本 CD-ROM は，Windows Xp，Vista，7に対応しています。
＊収録内容を閲覧するには，Microsoft Word または JUSTSYSTEM 一太郎，Microsoft Excel などのソフトが別途必要です。

2．CD-ROM の収録内容

　本書の付属 CD-ROM には以下の内容が収録されています。

---

①すぐに使える語彙指導ワークシート集
　基礎編・発展編（Microsoft Word ／一太郎ファイル）
②筆記版・PC 版語彙サイズテスト（Microsoft Word ファイル／アプリケーション）
③ワードサーチメーカー（Microsoft Excel テンプレート）
④アルファベットかるた（Microsoft Word ファイル）

---

①すぐに使える語彙指導ワークシート集
　基礎編・発展編（Microsoft Word ／一太郎ファイル）

　プリントしてそのまま配布できる，記入式のワークシートです。基礎編・発展編の計50枚で，音声スクリプトと解答例は別ファイル（ワークシート音声スクリプト・解答例）に収録されています。基礎編の1つをp. 256に見本として掲載しました。

　発音のルールにそった練習や，カタカナ語や多義語，接頭辞などのテーマ別に要領よく整理することができます。基礎編はおもに中学校などの初級レベル，発展編は高校・大学などの中級レベルを対象とした内容となっています。詳しい内容と使い方は，本章「3．ワークシートの

内容」,「4.ワークシートの使用方法」,「5.ワークシート収録の単語」をご覧下さい。

②**筆記版語彙サイズテスト（Microsoft Word ファイル）**

　実践例36「筆記版語彙サイズテスト」で紹介している，語彙サイズテスト（望月テスト）の筆記版です。第1版～第3版の3つの版があり，解答は別ファイルで収録されています。第1版の一部をp.257に見本として掲載しました。詳しい使い方は，実践例36をご覧ください。

　PC版語彙サイズテスト（アプリケーション）

　実践例37「パソコン版語彙サイズテスト」で紹介している，語彙サイズテスト（望月テスト）のPC版です。第1版～第3版の3つの版があり，解答は別ファイルで収録されています。詳しい使い方は，実践例37をご覧ください。

＊PC版語彙サイズテストの容量は500KB以下です。

＊本テストのインストールには，環境によってはネットワーク管理者の許諾（パスワードなど）が必要になることがあります。

＊テストのアイコンをクリックすると，「発行元を確認できませんでした。このソフトウェアを実行しますか？」というメッセージが出ることがありますが，支障はありませんのでそのまま「実行」をクリックして下さい。

③**ワードサーチメーカー（Microsoft Office Excel テンプレート）**

　実践例14「ワードサーチを使った語形と定義の定着」で使用しているワードサーチ（クロスワードパズル）の作成テンプレートです。単語とその日本語の定義を入力するだけで，簡単にワードサーチのパズルが作成できます。詳しい使い方は実践例14をご覧ください。

④**アルファベットかるた**

　実践例1「フォニックスの導入」で使用している「アルファベットかるた」のデータです。詳しい使い方は，実践例1をご覧ください。

No.1 カタカナ語を英語らしく言ってみよう・書いてみよう1

タスク1：イラストを見ながら、単語の発音を聞いて、あとについて言ってみよう。
タスク2：イラストを表す単語をイラストの下に**3回**ずつ書いてみよう。

① ② ③

④ ⑤ ⑥

⑦ ⑧ ⑨

[**タスク2・ヒント**] bag / bed / fax / ham / jam / jet / pen / wax / yes

Name_____ No._____ Class_____

ワークシート基礎編　No.1

語彙サイズ測定テスト　　　　　　　　vst11

日本語の意味を表す英語を(1)〜(6)の中から選び、その番号を解答欄に書き入れなさい。

---

1. 丸い入れ物　　　　　2. クッションのある長椅子
(1) bath　　(2) lamp　　(3) phone　　(4) pot　　(5) sofa　　(6) stove

3. 40　　　　　　　　　4. 100
(1) forty　　(2) hundred　　(3) month　　(4) six　　(5) twelve　　(6) year

5. 町　　　　　　　　　6. 橋
(1) bridge　　(2) garage　　(3) place　　(4) scene　　(5) square　　(6) town

7. 食事　　　　　　　　8. 1つ、1個、1片
(1) air　　(2) meal　　(3) piece　　(4) sign　　(5) sound　　(6) white

9. 男の人　　　　　　　10. 象
(1) change　　(2) elephant　　(3) man　　(4) rabbit　　(5) wolf　　(6) woman

11. 顔　　　　　　　　　12. 手ぬぐい
(1) face　　(2) finger　　(3) hair　　(4) leg　　(5) shoe　　(6) towel

13. 不可解なこと、不思議なこと　14. 試験
(1) act　　(2) butterfly　　(3) exam　　(4) mystery　　(5) tennis　　(6) trouble

15. 点、地点　　　　　　16. 太陽
(1) dam　　(2) magazine　　(3) pajamas　　(4) point　　(5) sun　　(6) war

17. 持っている　　　　　18. しなければならない
(1) do　　(2) get　　(3) give　　(4) have　　(5) must　　(6) raise

19. 聞く　　　　　　　　20. 続ける
(1) add　　(2) continue　　(3) die　　(4) listen　　(5) mean　　(6) understand

---

筆記版語彙サイズテスト（第1版，部分）

3．ワークシートの内容

　本 CD-ROM には，Microsoft Word・一太郎形式でそれぞれ以下の50枚のワークシートを収録しています。

○基礎編○
No. 1：カタカナ語を英語らしく言ってみよう・書いてみよう１
　　　（意味を知っているカタカナ語の発音と綴り１：子音字の発音）
No. 2：カタカナ語を英語らしく言ってみよう・書いてみよう２
　　　（意味を知っているカタカナ語の発音と綴り２：子音字の発音）
No. 3：カタカナ語を英語らしく言ってみよう・書いてみよう３
　　　（意味を知っているカタカナ語の発音と綴り３：子音字連続の発音）
No. 4：カタカナ語を英語らしく言ってみよう・書いてみよう４
　　　（意味を知っているカタカナ語の発音と綴り４：子音字連続の発音）
No. 5：カタカナ語を英語らしく言ってみよう・書いてみよう５
　　　（意味を知っているカタカナ語の発音と綴り５：母音字長音の発音）
No. 6：カタカナ語を英語らしく言ってみよう・書いてみよう６
　　　（意味を知っているカタカナ語の発音と綴り６：母音字長音と短音の発音）
No. 7：カタカナ語を英語らしく言ってみよう・書いてみよう７
　　　（意味を知っているカタカナ語の発音と綴り７：ar, or, ir, ur, er の発音）
No. 8：カタカナ語を英語らしく言ってみよう・書いてみよう８
　　　（意味を知っているカタカナ語の発音と綴り８：(w)ar, (w)or の発音）
No. 9：カタカナ語を英語らしく言ってみよう・書いてみよう９
　　　（意味を知っているカタカナ語の発音と綴り９：ai, ay, air の発音）
No.10：カタカナ語を英語らしく言ってみよう・書いてみよう10

　　　　（意味を知っているカタカナ語の発音と綴り10：ee, ea, ear の発音）
No.11：カタカナ語を英語らしく言ってみよう・書いてみよう11
　　　　（意味を知っているカタカナ語の発音と綴り11：oa, oo, ou, ow の発音）
No.12：カタカナ語の元の意味を覚えよう1
　　　　（英語の中核的な意味と異なる意味のカタカナ語の発音と綴り1）
No.13：カタカナ語の元の意味を覚えよう2
　　　　（英語の中核的な意味と異なる意味のカタカナ語の発音と綴り2）
No.14：カタカナ語の元の意味を覚えよう3
　　　　（英語の中核的な意味と異なる意味のカタカナ語の発音と綴り3）
No.15：カタカナ語の元の意味を覚えよう4
　　　　（英語の中核的な意味と異なる意味のカタカナ語の発音と綴り4）
No.16：「私は・私の・私を」を覚えよう（人称代名詞1：単数）
No.17：「私たちは・私たちの・私たちを」を覚えよう（人称代名詞2：複数）
No.18：2つ以上あるとsがつくよ（名詞の複数形）
No.19：主語がI, you 以外で1人だと現在形はsがつくよ
　　　　（3人称単数現在形）
No.20：「〜している」という意味を表す動詞の形にしてみよう
　　　　（動詞のing形）
No.21：比べる意味を表す形容詞の形にしてみよう（形容詞の比較級）
No.22：「一番〜だ」という意味を表す形容詞の形にしてみよう
　　　　（形容詞の最上級）
No.23：過去のことを表す動詞の形にしてみよう1（規則動詞の過去形）
No.24：過去のことを表す動詞の形にしてみよう2
　　　　（不規則動詞の過去形と過去分詞1）
No.25：過去のことを表す動詞の形にしてみよう3
　　　　（不規則動詞の過去形と過去分詞2）
No.26：過去のことを表す動詞の形にしてみよう4
　　　　（不規則動詞の過去形と過去分詞3）

No.27：単語をすばやく見つけてみよう1（単語認知訓練1）
No.28：単語をすばやく見つけてみよう2（単語認知訓練2）
No.29：単語の復習をしてみよう1（単語の復習1）
No.30：単語の復習をしてみよう2（単語の復習2）

○発展編○
No.31：カタカナ語を正しく綴れるかな？1（人を表す言葉1）
No.32：カタカナ語を正しく綴れるかな？2（人を表す言葉2）
No.33：カタカナ語を正しく綴れるかな？3（食べ物・飲み物）
No.34：カタカナ語を正しく綴れるかな？4（Academic Word List 1）
No.35：カタカナ語を正しく綴れるかな？5（Academic Word List 2）
No.36：接頭辞1（mis-, non-, pre-, re-, un-）
No.37：接頭辞2（anti-, semi-, in-, post-, un-）
No.38：接頭辞3（co-, dis-, in-, inter-, mis-）
No.39：接頭辞4（counter-, dis-, en-, semi-, sub-）
No.40：接尾辞1（-er, -ian, -ist -or -ship）
No.41：接尾辞2（-ee, -eer, -er, -ment, -ness）
No.42：接尾辞3（-ation, -en, -ify, -ist, -ize）
No.43：接尾辞4（-able, -al, -ful, -less, -ly）
No.44：多義語1（affect, apply, art, associate）
No.45：多義語2（attend, case, character, company）
No.46：多義語3（concern, connect, deliver, discipline）
No.47：多義語4（distinguish, fair, fail, figure）
No.48：多義語5（idea, interest, matter, order）
No.49：多義語6（paper, people, run, sense）
No.50：多義語7（service, settle, succeed, take）

4．ワークシートの使用方法

　CD-ROMに収録されているワークシートは，印刷・編集も可能です。ファイルは「Microsoft Word」と「一太郎」の両方に対応してい

ます。
　それぞれのシートにどの単語が掲載されているかは，p. 264の単語リストまたは，CD-ROM 収録の単語索引（「単語リスト索引形式」）でご確認ください。

◯フォニックスの指導の留意点（No. 1～11）⇨実践例1，2
　フォニックスの指導に関しては No. 1～11を使いましょう。タスク1では9つの絵についてランダムに読み上げ，発音に合う絵を探させます。見つかったら指でさし，ペアや周りの人と確認させましょう。タスク2では絵の順番通りに読み上げ，繰り返させます。その際，十分なモデルを示してから繰り返させた方が効果的です。例えば，bag であれば音素1つ1つを分けて /b/, /æ/, /g/ と言ってから，ゆっくりつなげて /bæg/ さらに自然な速さで /bæg/ と聞かせた後で繰り返させるとよいでしょう。その際，ていねいに音素を1つ1つ分けて発音し，余分な母音挿入をしないで書けるようにしましょう。
　英語は聞き取れれば書けるものなのだという第一印象を持たせることができれば，2つの波及効果が期待できます。1つは一生懸命聞きわけるようになること，もう1つは新しいルールを覚えるときの動機付けになることです。そのためには音声から綴りを書かせる単語テストなどでは寛容に採点することも必要でしょう。例えば，フォニックスルール上はありうる綴りには2点配当で1点を与えます。mate /meɪt/ は m<u>ai</u>t, m<u>ay</u>t, m<u>ei</u>t, m<u>ey</u>t, m<u>eigh</u>t などがありえます。
　指導のポイントをまとめておきます。まず，子音字と母音字の短音に関するものです。No. 1 では子音字と a /æ/ と e /e/。No. 2 では子音字と母音字の短音 i /ɪ/, o /ɔ/, u /ʌ/。No. 3 では連続子音字でそれぞれの子音字が元の音とほぼ同じもの（例：g<u>ol</u>f）。逆に No. 4 では連続子音字で元の子音字の音とはかなり違う音になるもの（例：<u>sh</u>op）。
　次に母音字の長音に関するものです。No. 5 では母音字長音 a /eɪ/, i /aɪ/。No. 6 では母音字長音 o /ou/, u /juː/ と語末の y。語末では y が i と発音上は同じ役割をしていること。No. 7 では母音字 +r。er, ir, ur が同じ音になることが多いこと。カタカナでは同じ「アー」でも ar は違

うこと。No. 8 では w+ 母音字 +r。w が前につくと母音字の発音が変わること。No. 9 と No. 10はそれぞれ ai, ay, air と ee, ea, ear。やはり r が後ろにつくと母音字の発音が変わること。No. 11では oa, oo, ou, ow。特に oo は 2 種類の音があること。以上を踏まえてフォニックスのルールの中でも優先順位の高いものから指導していきましょう。

○カタカナ語の指導に（基礎編：No.12～15，発展編：No.31～35）
　⇨実践例3

　No. 1から11もカタカナ語ですが，No. 12～15では意味が複数あるもので日本の中高生が中核的な意味ではない方を覚えていると考えられるものを挙げています。

　発展編の No. 31～35では，「人を表すことば」「食べ物・飲み物」などのテーマに即したカタカナ語の整理ができます。

○人称代名詞（No.16～17）

　人称代名詞は形式的にも意味的にも「主格と目的格」・「所有格と所有代名詞」が似ています。単文であれば原則として「主格（I）は動詞の前，目的格（me）は動詞の後に置く」，「所有格（my）は後に名詞を置き，所有代名詞（mine）は後に名詞がない」だけの違いしかありません。

○活用語尾 -s（No.18～19）

　活用語尾の -s の付け方は名詞も動詞もルールは変わりません。付け方は -s, -es, y を i に替えて -es の 3 種類です。気を付けて指導しましょう。発音は①無声音の後で /s/，②有声音の後で /z/，③ /s/, /ʃ/, /tʃ/ 等歯擦音の後で /iz/ になることを確認しましょう。本書では例外（名詞の children，動詞の has 等）は扱っていません。

○形容詞と動詞の活用形（No.20～23）⇨実践例17

　実践例17に詳しく示してあります。参考にしてください。

○不規則動詞の活用形（No.24～26）

不規則動詞は言わば例外ですが，例外の中にも大まかにルールがあります。原形−過去形−過去分詞の活用のパターンを表すのによくABC型やABB型などを使いますが，中学校の教科書などの巻末に出てくる動詞で一番多いのはABB型です。規則動詞がABB型になるので当然かもしれません。次に多いのがABC型です。AAA型やABA型は例外の中の例外といえるでしょう。ではそれぞれ特徴はないかというとそうでもありません。例えばABB型は規則動詞に似ていますので「過去形と過去分詞の語末が/d/や/t/」になります。AAA型はABB型の例外ですので原形の語末が/d/や/t/になっています。一方，ABC型は「過去分詞の語末が/n/ /m/ /ŋ(k)/」になります。ABA型はABC型の例外ですので「原形の語末が/n/ /m/ /ŋ(k)/」になっています。いずれも必要条件ではあっても十分条件ではありませんが，指導の際のヒントになるでしょう。以下のワークシートで確認しておきましょう。

　No. 24ではABB型。No. 25ではABC型。No. 26ではAAA型，ABA型，例外の例外（gotten, showed, won, struck）を扱います。getの過去分詞はgot/gottenの2つがあります。showの過去分詞もshowed/shownの2つです。strikeは語末が/d/や/t/ではありませんがABB型です。（古語や文語などではstrickenもあるのでABC型ともいえます。）winの過去分詞はwonで語末が/n/ですが，ABC型ではありません。

○単語認知訓練（No.27〜28）

　英語が苦手な生徒も参加しやすい活動です。年度の初めに時間を計っておき，年度末に同じものに再度挑戦させることで，認知速度が上がり英語が上達していることを実感させることができるでしょう。

○単語の復習（No.29〜30）

　分類や仲間はずれさがし，反意語さがしなどにより，定着した単語をまとめて整理しましょう。

○接辞（接頭辞：No.36〜38，接尾辞：No.40〜43）

共通した接頭辞，接尾辞のつく単語3つをあげて，それぞれにつく接辞を探す練習です。

とりあげる接頭辞：re-, un-, pre-, non-, mis-, anti-, in-, post-, semi-, co-, dis-, inter-, counter-, en-, sub- など。

とりあげる接尾辞：-er, -ian, -ist, -or, -ship, -ee, -eer, -er, -ment, -ness, -ation, -en, -ify, -ize, -able, -al, -ful, -less, -ly など。

○多義語（No.44〜50）

高頻度語の多義語28語について，例文に即した語義を選択式で確認する練習です。

とりあげる多義語：<44> affect, apply, art, associate
<45> attend, case, character, company
<46> concern, connect, deliver, discipline
<47> distinguish, fair, fail, figure
<48> idea, interest, matter, order
<49> paper, people, run, sense
<50> service, settle, succeed, take

5．ワークシート収録の単語

それぞれのワークシートで使用している単語は以下の通りです。なお付属CD-ROMには，ワークシート収録の単語をアルファベット順に検索できるよう，「単語リスト索引形式」のファイルを収録しました。

1．子音字と a/e：bag, bed, fax, ham , jam, jet, pen, wax, yes
2．子音字と i/o/u：big, box, bus, cup, ink, pin, song, top, wink
3．子音連結（子音字の発音を連続させる）：band, belt, gift, golf, jump, lamp, milk, tent, vest
4．子音連結（複数の子音字が独特の発音を表す）：bath, bench, brush, cash, kick, lunch, neck, quiz, shop
5．a-e/i-e：cake, file, game, line, page, race, rice, tape, wine

6. o-e/u-e, 語末の y：body, cry, cute, dome, flute, hero, home, rope, rule
7. 母音字 +r：bird, car, church, corn, fork, park, serve, sport, start
8. w + 母音字 +r：art, or, part, pork, war, warm, word, world, work
9. ai/ay/air：day, hair, nail, pair, play, rail, spray, tray, waist
10. ee/ea/ear：cheese, clear, gear, heel, jeans, peach, seat, tea, tree
11. oa/oo/ou/ow：boat, coat, count, down, foot, mouse, room, spoon, town
12. 日本語と意味が違うカタカナ語1：base, copy, date, fry, glass, hit, part, pass, show
13. 日本語と意味が違うカタカナ語2：bond, call, mask, match, miss, pack, pants, pose, space
14. 日本語と意味が違うカタカナ語3：cover, fight, glove, light, manner, record, shoot, sign, stress
15. 日本語と意味が違うカタカナ語4：action, chain, court, foul, idol, major, mansion, sharp, talent
16. 代名詞（単数）1：I, my, me, mine / you, your, you, yours / he, his, him, his / she, her, her, hers / it, its, it
17. 代名詞（複数）2：we, our, us, ours / you, your, you, yours / they, their, them, theirs
18. 名詞の複数形：team, car, doll, wish, watch, switch, glass, city
19. 動詞の活用（3人称現在形）：clean, say, talk, sleep, eat, teach / want, change, pass, fly, stay, help
20. 動詞の活用（現在進行形）：read, play, write, buy, run, come / walk, wear, rain, sing, swim, take
21. 形容詞の活用（比較級）：long, clean, hot, easy, large, tall / young, strong, big, sad, pretty, happy
22. 形容詞の活用（最上級）：hard, fast, strong, cold, big, happy / large, high, strange, new, hot, easy
23. 動詞の活用（過去形）1：call, join, open, cook, wait, stop / close, listen, rain, study, visit, watch

24. 動詞の活用（過去形）2：see, give, go, eat, know, grow, speak, write, sing, begin
25. 動詞の活用（過去形）3：get, make, say, hear, stand, meet, hold, find, keep, think
26. 動詞の活用（過去形）4：leave, win, catch, buy, bring, run, come, become, read, put

（27〜30は復習）

31. カタカナ語の綴り1：advisor, cook, designer, driver, guard, hunter, lady, leader, manager, owner, player, runner, sponsor, staff, writer
32. カタカナ語の綴り2：announcer, assistant, authority, commissioner, conductor, economist, journalist, listener, maker, messenger, narrator, operator, organizer, professional, supporter
33. カタカナ語の綴り3：cake, cheese, cocoa, coffee, ham, hamburger, juice, lemon, milk, orange, potato, rice, salad, sandwich, soup
34. カタカナ語の綴り4：approach, assistant, community, complex, concept, culture, data, economy, identity, impact, method, policy, release, section, variation
35. カタカナ語の綴り5：comment, coordinator, demonstration, document, initial, location, minor, partner, proportion, reaction, selection, shift, task, technical, volume
36. 接頭辞1：reproduce, reunite, regain, unfair, unlucky, unwise, prehistoric, preface, precaution, nonsense, nonsmoker, nonstop, misbelieve, misfortune, misjudge
37. 接頭辞2：antibiotic, anticlimax, anticommunist, semicolon, semicircular, semiofficial, indirect, informal, independent, postwar, postgraduate, postscript, unable, unequal, unreasonable
38. 接頭辞3：mislead, misconduct, misplace, disable, disagree, dishonest, coeducation, coeditor, coordination, interpersonal, international, intercultural, indifferent, incorrect, inconvenient
39. 接頭辞4：encourage, endanger, enact, semifinal, semiweekly, semitropical, counterbalance, counterattack, counterpart, subway,

subconscious, submarine, dislike, discover, discomfort
40. 接尾辞 1：player, golfer, worker, sailor, visitor, governor, terrorist, motorist, finalist, physician, musician, politician, friendship, leadership, relationship
41. 接尾辞 2：teacher, customer, listener, politeness, darkness, kindness, employee, referee, absentee, engineer, electioneer, mountaineer, agreement, arrangement, development
42. 接尾辞 3：expectation, examination, information, authorize, specialize, modernize, deepen, lighten, shorten, artist, specialist, tourist, classify, justify, simplify
43. 接尾辞 4：valuable, admirable, suitable, useful, helpful, careful, actual, additional, national, exactly, certainly, quickly, careless, hopeless, painless
44. 多義語 1：affect, apply, art, associate
45. 多義語 2：attend, case, character, company
46. 多義語 3：concern, connect, deliver, discipline
47. 多義語 4：distinguish, fair, fail, figure
48. 多義語 5：idea, interest, matter, order
49. 多義語 6：paper, people, run, sense
50. 多義語 7：service, settle, succeed, take

引用文献

相澤一美・石川慎一郎・村田年（編著）(2005).『JACET8000英単語』桐原書店
青野保 (2005).『1日10分で語彙力アップ！ 英語多読 BINGO 50』明治図書
池谷裕二 (2004).『一気にネイティブ！ 魔法の発音カタカナ英語』講談社
伊藤嘉一 (1991).「中間言語としてのカタカナ英語の活用」伊藤嘉一（編）『現代の英語教育学研究』弓書房 pp. 281-288
磐崎弘貞 (1995).『ここまでできる続・英英辞典活用マニュアル』大修館書店
──── (2002).『英語辞書力を鍛える』DHC
太田洋・金谷憲・小菅敦子・日㞍滋之 (2003).『英語力はどのように伸びてゆくか──中学生の英語習得過程を追う』大修館書店
奥津文夫（編著）(2002).『日英比較・英単語発想事典』三修社
長勝彦 (1997).『英語教師の知恵袋』開隆堂
開隆堂 (2009).「中学校英語 教科書 関連資料 中学で学ぶ英単語」Retrieved from http://www.kairyudo.co.jp/contents/02_junior/english/text/data.htm
片桐一彦・望月正道 (2002).「望月 (1998) 語彙サイズテスト：3つの版の平行性」第28回全国英語教育学会神戸研究大会口頭発表 神戸大学，2002年8月23日
靜哲人 (2009).『英語授業の心・技・体』研究社
鈴木通明 (2010).「数値にみる本校生の語彙と学習ストラテジー」特色ある高校づくり推進事業：語彙は生きた英語の力～中学校と高校をつなぐ第3回研修会研究発表，2010年1月29日，山形県立長井高等学校
住出勝則 (2002).『英語力を上げる辞書120％活用術』研究社
関山健治 (2007).『辞書からはじめる英語学習』小学館
全国英語教育研究団体連合会（全英連）(2009).「全英連語彙テスト」Retrieved from http://www.zen-ei-ren.com/
大学英語教育学会基本語改訂委員会（編）(2003).「JACET List of 8000 Basic Words」大学英語教育学会（JACET）
中央教育研究所 (2006).『中学校英語教科書6種類の語彙調査』中央教育研究所
中條清美・西垣知佳子・宮﨑海理 (2009).「学校5・6年生『英語ノート』の語彙一覧」『日本大学生産工学部研究報告B』第42巻，pp. 99-115
内閣告示 (1991). 文部科学省 HP「外来語の表記」http://www.mext.go.jp/b_menu/hakusho/nc/k19910628002/k19910628002.html
西村肇 (1995).『サバイバル英語のすすめ』筑摩書房
浜野実 (1999).『英語辞書を使いこなそう』岩波書店

北海道大学言語文化部英語教育系 (2003)「北海道大学英語語彙表」Retrieved from http://icarus.imc.hokudai.ac.jp/jugyo/huvl/

前田啓朗・山森光陽（編）(2004).『英語教師のための教育データ分析入門―授業が変わるテスト・評価・研究―』大修館書店

村田年・望月正道・相澤一美（編著）(2006).『JACET8000 Checkmate』桐原書店

望月正道 (1998).「日本人英語学習者のための語彙サイズテスト」『語学教育研究所紀要』第12号, pp. 27-53

望月正道・相澤一美・投野由紀夫 (2003).『英語語彙の指導マニュアル』大修館書店

八島等 (2002).「日本人高校生の語彙サイズ」『関東甲信越英語教育学会研究紀要』, 第16号, pp. 29-42

吉井誠 (2009).『第二言語におけるリーディングと語彙学習―付随的語彙学習における注の効果』渓水社

Word Bingo 研究会 (2010).『Let's enjoy "bingo"』浜島書店

Aitchison, J.(2003). *Words in the mind: An introduction to the mental lexicon*. (3rd ed.) Oxford: Blackwell.

Aizawa, K., Yamazaki, A., Fujii, T., & Iino, A.(2009). The relationship between vocabulary knowledge and reading comprehension skills used on reading tests. *Annual Review of English Language Education in Japan(ARELE), 20*, 111-120.

Alderson, J. C.(2000). *Assessing reading*. Cambridge: Cambridge University Press.

Bachman, L. F.(2004). *Statistical analyses for language assessment*. Cambridge: Cambridge University Press.

Bachman, L. F., & Kunnan, A.(2005). *Statistical analyses for language assessment workbook and CD-ROM*. Cambridge: Cambridge University Press.

Brown, J. D.(2005). *Testing in language programs: A comprehensive guide to English language assessment*(2nd ed.). New York: McGraw-Hill.（ブラウン著, 和田稔訳 (1999).『言語テストの基礎知識』大修館書店）

Cobb, T.(n.d.). *Frequency based vocabulary tests*. Retrieved from http://www.lextutor.ca/tests/

Daller, H., Milton, J., & Treffers-Daller, J.(2007). *Modelling and assessing vocabulary knowledge*. Cambridge: Cambridge University Press.

Daulton, F.(2008). *Japan's built-in lexicon of English-based loanwords*. Clevedon, UK: Multilingual Matters.

Henriksen, B.(1999). Three dimensions of vocabulary development. *Studies in Second Language Acquisition, 21*, 303-317.

Hu, M., & Nation, I.S.P.(2000) Vocabulary density and reading comprehension. *Reading in a Foreign Language, 13*, 403-430.

Kasahara, K.(2005). Comparison in vocabulary size and lexical inference between Japanese high school and college students. *Tsukuba Review of English Language Teaching, 26*, 21-39.

──────.(2006). Producing a revised version of the Mochizuki Vocabulary Size Test. *JLTA(Japan Language Testing Association) Journal, 9*, 55-72.

Laufer, B., & Goldstein, Z.(2004). Testing vocabulary knowledge: size, strength, and computer adaptiveness. *Language Learning, 54*, 399-436.

Laufer, B., & Nation, I.S.P.(1999). A vocabulary-size test of controlled productive ability. *Language Testing, 16*, 33-51.

Meara, P., & Buxton, B.(1987). An alternative to multiple choice vocabulary tests. *Language Testing, 4*, 142-154.

Microsoft.(2010).「Microsoft Office Online クリップアート」. Retrieved from http://office.microsoft.com/ja-jp/clipart/default.aspx

Mitarai, Y., & Aizawa, K.(1999). The effects of different types of glosses in vocabulary learning and reading comprehension. *Annual Review of English Language Education in Japan(ARELE), 10*, 73-82.

Murray, G., & Kojima, M.(2007). Out-of-class language learning: one learner's story. In P. Benson(Ed.), *Learner autonomy: Teacher and learner perspectives*(pp. 25-40). Dublin, Ireland: Authentik.

Nation, I.S.P.(2001). *Learning vocabulary in another language*. Cambridge: Cambridge University Press.

Nation. I.S.P.(2008). *Teaching vocabulary: Strategies and techniques*. Boston, MA: Heinle Cengage Learning.

Paribakht, T., & Wesche, M.(1993). The relationship between reading comprehension and second language development in a comprehension-based ESL program. *TESOL Canada Journal, 11*, 9-29.

Schmitt, N., Schmitt, D., & Clapham, C.(2001) Developing and exploring the behaviour of two new versions of the Vocabulary Levels Test. *Language Testing, 18*, 1.

Stahl, S., & Nagy, W.(2006). *Teaching word meanings*. Mahwah, NJ: Lawrence Erlbaum Associates.

Wesche, M., & Paribakht, T. S.(1996). Assessing second language vocabulary knowledge: Depth versus breadth. *Canadian Modern Language Review, 53*, 13-40.

索　引

あ

あいまい母音　28
アクセント　28, 103
アルファベットの名前読みと音読みの対照表　235
一括検索　151
イディオム　124
意図的学習　15, 189, 247
意図的語彙学習　187, 190
English あいうえお　31
インプット　41
英英辞典　80, 84, 155, 160
英語ノート　5
オーラル・イントロダクション　13, 34, 37, 41, 43,
音読み（おとよみ）　19
音素　21
音読　29

か

下位語　127
外国語活動　5
型　145
カタカナ語　13, 93, 163, 248
活用形　100, 103
間隔拡大型　69
関連語のテスト方法　206
強勢　30
偶発学習　15
偶発的語彙学習　184, 190
グループ分け，分類　127

クロスワード・パズル　58
語彙サイズ　116, 228
語彙サイズテスト　182, 193, 219, 222
　　パソコン版──　222
　　筆記版──　219
語彙サイズの自己テスト　228
語彙習得の4領域　131
語彙知識　9, 10, 192
語彙的コロケーション　147
語彙表　116
項目学習　13
語形と意味　9
語根　104
語注　46
　　──のバリエーション　48
語尾のeを取る規則　101
語尾の子音字を重ねる規則　102
コミュニカティブ・クロスワード　66
語（句）訳選択　123
コリゲーション　146
コロケーション　14, 15, 118, 120, 145, 154, 205
　　──の正誤判断　129

さ

サイレントe　19, 102
子音　20
自己評価　77, 78
辞書指導　15, 114, 141

持続的黙読　180
借用語　94
JACET8000　75, 238, 240, 242
習熟度　41
習熟度テスト　194, 218
習得語彙数　115
熟達度テスト　218
受容語彙　10-12
受容的知識　9, 203, 208
使用　9
上位語　127
小テストのフォーマット　198
使用の制約　15
自律した語彙学習　15
信頼性　248
推測　171, 248
　　──の種類　172
推定語彙サイズ　220, 226, 246
ストーリー再生　64
スピーキング　64
生徒の語彙レベルの測定　181
接辞　14, 55, 96, 104
　　──の習得順位　107
接頭辞　98, 105
接尾辞　14, 92, 99, 106
セマンティック・マッピング　130
潜在意識　190
選択式語注　50
測定の標準誤差　246

た
大学入試センター試験の語彙頻度分析　8
体系学習　13
多義語　14, 108
多読　15, 180

短期的訓練　77
単語言い換えゲーム　65
単語カード　13, 74
単語集　15, 164
単語と定義のマッチング　128
単語ノート　133
単語の処理水準　48, 51
単語リスト　58, 96, 240
単語リスト・バトル　63
単独辞書検索　148
抽象語　13, 52
長期的訓練　77
綴り　13
定義　14
定義・例文クイズ　58
ディクテーション　157
定着　13
低頻度語　25
テスト形式の種類　197
電子辞書　147, 244
同義語　14, 112
動機付け　197
到達度テスト　191, 219
導入　12, 13

な
名前読み　19, 27, 235
ネットワーク（単語間）　14, 117, 213

は
波及効果　194
パソコン版語彙サイズテスト　222
派生形　92
発音　13
発音記号　143, 236

注意したい―― 237
発音練習問題　88
発表語彙　10-12
発表的知識　9，204，208
パラフレーズ　65
反意語　14，112
反復学習　56
反復率　7
筆記版語彙サイズテスト　218
100語法　181
評価　191
　　習熟度の――　192
　　到達度の――　191
標準誤差　248
ビンゴゲーム　13，68
フォニックス　13，19，234
　　――のルール　19，25，26
不規則動詞　70
復習　13
復習単語テスト　195，201，202
復習プリント　126
複数辞書検索　148
ぶつ切りディクテーション　57
フラッシュカード　58
プリント　114，119，120，122，126
文章再現　131
文法的コロケーション　146
ペア作成　128
ペアワーク　62
母音　20
母音挿入　31
忘却速度　170
ホール・ランゲージ・ティーチング　25

ま
見出し語検索　148
ミニマルペア　89
無声音　22
望月テスト　193，218
モーラ（拍）　234

や
用例検索　149
予習プリント　122

ら
ライティング型テスト　214
理解可能なインプット　41
リーディング型テスト　208
リテリング　64
連想　15，127
例文（定義）作成　129
例文・成句検索　148

わ
ワードサーチ　84

欧文
Academic Word List（AWL）　248
British National Corpus（BNC）　238，248
JACET 8000　238
JACET 8000 Level Marker　242
Range　240
Sustained Silent Reading（SSR）　180
Vocabulary Knowledge Scale（VKS）　10
Word Level Checker　243

273

執筆者一覧

[編著者]

相澤一美（あいざわ　かずみ）
栃木県生まれ。東京電機大学工学部教授。
宇都宮大学教育学部英語科卒業。東京学芸大学大学院連合学校教育学研究科修了，博士（教育学）。県立高校に3年，高等専門学校に4年それぞれ勤務。
主な著書：『英語語彙習得論』（分担執筆，河源社，1997），『英語ライティング論』（分担執筆，河源社，2001），『JACET8000英単語』（編著，桐原書店，2005）など。

望月正道（もちづき　まさみち）
東京都生まれ。麗澤大学外国語学部教授。
東京外国語大学外国語学部卒業。エセックス大学大学院TEFLディプローマ課程修了，エセックス大学大学院応用言語学修士課程修了。私立高校に7年勤務。
主な著書：『英語語彙の指導マニュアル』（大修館書店，2003），『JACET8000英単語 Checkmate』（編著，桐原書店，2006），高等学校英語科検定教科書『World Trek Ⅰ・Ⅱ』（共著，桐原書店）など。

[執筆者]

磯　達夫（いそ　たつお）
麗澤大学外国語学部准教授
主な著書：『JACET 8000 英単語 Checkmate』（共著，桐原書店，2006），『JACET 8000 英単語』（共著，桐原書店，2005），『仕事と恋のサクセス英語』（共著，南雲堂フェニックス，2005）など。

磐崎弘貞（いわさき　ひろさだ）
筑波大学大学院准教授
主な著書：『正・続　英英辞典活用マニュアル』（大修館書店，1990・1995），『英語辞書力を鍛える』（DHC，2002）

笠原　究（かさはら　きわむ）
北海道教育大学旭川校教育学部准教授
主な著書・論文：高等学校英語科検定教科書『Plus One Reading』（共著，開隆堂，2009），"Are two words better than one for intentional vocabulary learning?"（2010, *ARELE* 掲載論文）

小泉利恵（こいずみ　りえ）
常磐大学国際学部専任講師
主な著書・論文：『英語リーディングの科学』（共著，研究社，2009），"Database selection guidelines for meta-analysis in applied linguistics."（2010, *TESOL Quarterly* 掲載論文）

小島ますみ（こじま　ますみ）
愛知学院大学非常勤講師・名古屋大学大学院博士後期課程在籍
主な論文：「新しい lexical richness 指標 S の提案：学習者の産出語彙頻度レベルの推定」（2010,『英語コーパス研究』掲載論文）

田邊　玲（たなべ　あきら）
埼玉県入間市立東町中学校教諭
主な論文："A Study of Vocabulary Acquisition in EFL: Through Comparison of Repetition Types of Vocabulary Tests"（2009,『関東甲信越英語教育学会紀要』掲載論文）

時國滋夫（ときくに　しげお）
筑波大学・法政大学情報科学系専門英語非常勤講師
主な著書：『特許の英語表現・文例集』（共著，講談社，2004），『科学技術系の現場で役立つ英文の書き方』（共著，講談社，2007）

星野由子(ほしの　ゆうこ)
東京富士大学経営学部専任講師
主な著書・論文:『英語リーディングの科学』(共著,研究社,2009), "Semantic restructuring of vocabulary knowledge : Mapping an L2 word with different L1 translations," (2010, *ARELE*, 掲載論文)

山崎朝子(やまざき　あさこ)
東京都市大学環境情報学部教授
主な著書:『言語学習と学習ストラテジー』(共著,リーベル出版,2005),『学習ストラテジーハンドブック』(共著,大修館書店,2006),『わかりやすい英語教育法』(共著,三修社,2009)

吉澤小百合(よしざわ　さゆり)
星薬科大学薬学部専任講師
主な論文・著書:「薬学部における英語教育とその教材に関する一考察」(2010,『教材学研究』掲載論文)『新 TOEIC テストボキャブラリー攻略』(共著,三修社,2006)

英語語彙指導の実践アイディア集
──活動例からテスト作成まで[CD-ROM付]

©Aizawa Kazumi, Mochizuki Masamichi, 2010　　　　　NDC 375／x, 276p／21cm

初版第1刷──2010年9月20日

編著者─────相澤一美・望月正道
発行者─────鈴木一行
発行所─────株式会社大修館書店
　　　　　　〒101-8466　東京都千代田区神田錦町3-24
　　　　　　電話03-3295-6231（販売部）03-3294-2357（編集部）
　　　　　　振替00190-7-40504
　　　　　　［出版情報］http://www.taishukan.co.jp

装丁者─────鈴木　堯＋佐々木由美［タウハウス］
印刷所─────広研印刷
製本所─────司製本

ISBN 978-4-469-24556-1　Printed in Japan

Ⓡ 本書の全部または一部を無断で複写複製（コピー）することは，著作権法上での例外を除き禁じられています。